Corriendo fronteras
para crear y potenciar empresas

Coordinación editorial:
DÉBORA FEELY

Diseño de tapa:
DCM DESIGN

HUGO KANTIS
SERGIO DRUCAROFF
Con la colaboración de Juan Federico, Manuel Gonzalo,
Sabrina Ibarra García y Cecilia Menéndez

Corriendo fronteras
para crear y potenciar empresas

Con las experiencias innovadoras
de emprendedores dinámicos
latinoamericanos

GRANICA

BUENOS AIRES - MÉXICO - SANTIAGO - MONTEVIDEO

© 2011 *by* Ediciones Granica S.A.

BUENOS AIRES   Ediciones Granica S.A.
Lavalle 1634 - 3° G
C1048AAN Buenos Aires, Argentina
Tel.: +5411-4374-1456
Fax: +5411-4373-0669
E-mail: granica.ar@granicaeditor.com

MÉXICO   Ediciones Granica México S.A. de C.V.
Valle de Bravo N° 21
Col. El Mirador
53050 Naucalpan de Juárez, México
Tel.: +5255-5360-1010
Fax: +5255-5360-1100
E-mail: granica.mx@granicaeditor.com

SANTIAGO   Ediciones Granica de Chile S.A.
Padre Alonso Ovalle 748
Santiago, Chile
E-mail: granica.cl@granicaeditor.com

MONTEVIDEO   Ediciones Granica S.A.
Scoseria 2639 Bis
11300 Montevideo, Uruguay
Tel: +5982-712-4857 / +5982-712-4858
E-mail: granica.uy@granicaeditor.com

www.granica.com

ISBN 978-950-641-599-0

Hecho el depósito que marca la ley 11.723

Impreso en Argentina. *Printed in Argentina*

Hugo Kantis
    Corriendo fronteras para crear y potenciar empresas:
con las experiencias innovadoras de emprendedores
dinámicos latinoamericanos / Hugo Kantis y Sergio
Drucaroff. - 1a ed. - Buenos Aires : Granica, 2011.
    264 p. ; 22x15 cm.

    ISBN 978-950-641-599-0

    1. Empresas. I. Drucaroff, Sergio. II. Título.
    CDD 658

ÍNDICE

AGRADECIMIENTOS

En primer lugar, corresponde agradecer el apoyo recibido por parte de la Agencia Nacional de Promoción Científica y Tecnológica de la República Argentina que, a través del PICT/FONCyT, financió etapas tempranas del proceso de realización de algunos de los casos presentados. También va nuestro agradecimiento a la contribución realizada por la Fundación EMPRETEC Argentina, institución que sumó sus esfuerzos a los del Programa de Desarrollo Emprendedor de la Universidad Nacional de General Sarmiento, haciendo que este libro pudiera concretarse.

También deseamos reconocer los aportes de quienes colaboraron gentilmente en la identificación de empresas innovadoras en los distintos países y de materiales con casos consultados:

María Elizabeth Arteaga (coordinadora de proyectos y promociones ESPAE-ESPOL - Ecuador), Agustín Badano (Nexo Emprendedor del Banco Santander Río - Argentina), Juan Carlos Leiva Bonilla (Instituto Tecnológico de Costa Rica), Lisandro Bril (Ax Ventures - Fondo Pymar); Carlos León y Alejandra Piermarini (Fondo Tecnológico

Argentino, FONTAR), Juan José Listerri (Banco Interamericano de Desarrollo - Washington D.C.), Alejandro Mashad (Fundación Endeavor Argentina) y Alejandro Minatta (Programa Emprender - Uruguay).

Asimismo, han sido muy importantes los comentarios y aportes realizados con base en la lectura de versiones preliminares, aunque eximiéndolos de los errores u omisiones que pudieran persistir, en particular, de: Rubén Ascúa (ex presidente de EMPRETEC Argentina), Lisandro Bril (CEO Ax Ventures - Fondo Pymar), Sandra Díaz (Consultora E Matriz - Chile), Alan Farcas (Endeavor Chile), Sara Goldberg (Agencia Nacional de Investigación e Innovación - Uruguay), Ricardo Finkelstein (Director Ejecutivo de EMPRETEC Argentina), Ernesto Gore (Universidad de San Andrés - Argentina), Néstor Ibelli (presidente de EMPRETEC Argentina), Pablo Maas (editor jefe del suplemento económico y Revista PYME - Clarín - Argentina) y Adolfo Nemirovsky (fundador y socio de Global Tech Bridge - Silicon Valley, Estados Unidos).

Finalmente, resta agradecer de manera muy especial a Diego Bazzurro y Fernando González de Body Health; Claudio Bedoya de BioScience; Emiliano Kargieman y Jeff Cassidy de Core Security Technologies; Germán Valcarce de Delta Biotech; Carlos Porta, Martín Bonadeo y José Mourelle de Maqtec; Miguel Santos y Adrián Iglesias de Technisys; Patricio Jutard, Pablo Mayer y Mariano Suárez Battan de Three Melons, y Pablo Verdenelli de Infoxel por haber compartido su valioso tiempo para discutir experiencias.

HUGO KANTIS Y SERGIO DRUCAROFF

EL PUZZLE EMPRESARIAL

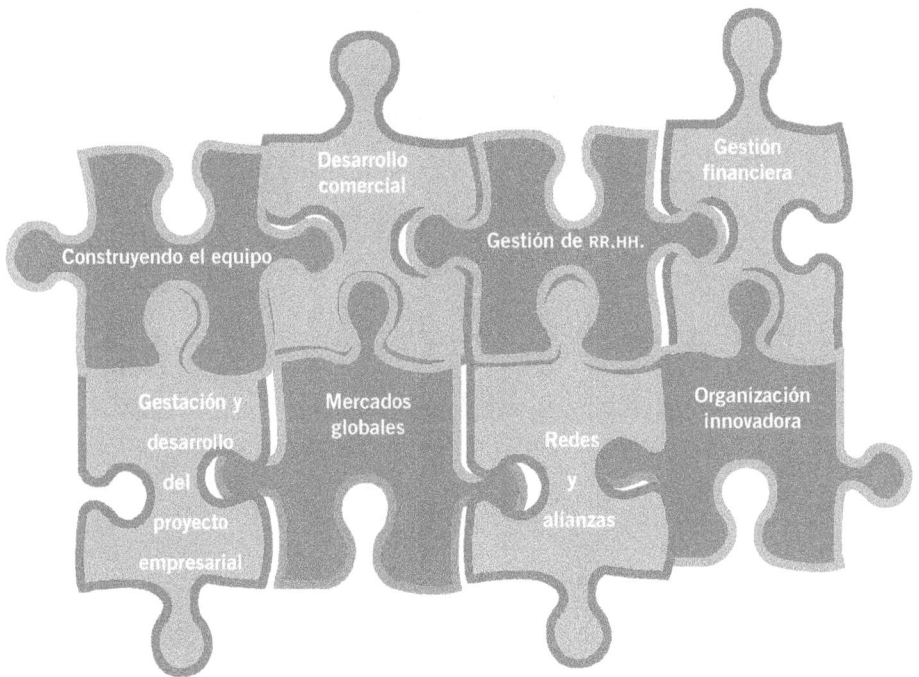

INTRODUCCIÓN

En los últimos años, han surgido numerosas publicaciones referidas a la creación de empresas y a los emprendedores. Como parte de esa tendencia, hemos intentado aportar, a través de diversos trabajos, elementos de interés acerca del proceso emprendedor y de los factores que explican el crecimiento de las nuevas empresas en la región.[1]

Se ha ido generando, de esa forma, una corriente de interés en torno a una especie particular de los emprendimientos a los que hemos denominado "dinámicos". Conceptualmente, esta categoría agrupa todos aquellos que consiguen crecer y transformarse en pocos años en una pyme con proyección de crecimiento y desarrollo competitivo, dejando rápidamente atrás el mundo de la microempresa.[2]

---

[1] Kantis, H.; Ishida, M. y Komori, M.: *Empresarialidad en economías emergentes: Creación y desarrollo de nuevas empresas en América Latina y el Este de Asia*, Banco Interamericano de Desarrollo, Washington D.C., 2002; Kantis, H.; Angelelli, P. y Moori Koenig, V.: *Desarrollo emprendedor: América Latina y la experiencia internacional*, Banco Interamericano de Desarrollo, Washington D.C., 2004; Capelleras Segura, J. L. y Kantis, H.: *Nuevas empresas en América Latina: factores que favorecen su rápido crecimiento*. Universitat Autónoma de Barcelona y Universidad Nacional de General Sarmiento, Buenos Aires, 2009.

[2] Kantis, H.; Angelelli, P. y Moori Koenig, V., op. cit.

Sin embargo, los emprendimientos innovadores, especialmente los de base tecnológica, han venido recibiendo un menor grado de atención, al menos en lo que respecta a la investigación de sus particularidades. Que ello suceda no deja de ser paradójico dado que el interés en este segmento de nuevas empresas ha tendido a crecer en los últimos años como resultado de las oportunidades que brindan los nuevos sectores de la economía para su surgimiento y expansión. Por lo tanto, es mucho lo que aún queda por conocer acerca de los desafíos que les toca enfrentar y de las estrategias que suelen desplegar para lograr sus objetivos.

Este libro pretende compartir conocimientos relevantes para el proceso de creación y desarrollo de nuevas empresas innovadoras, asignando mayor atención a las tecnológicas. A diferencia de los textos tradicionales, no tiene pretensiones de constituirse en un manual lleno de recetas ni se basa en las recomendaciones de los gurús en la materia. Por el contrario, el centro de atención principal son las experiencias concretas de los propios emprendedores que han conseguido crear y hacer crecer a sus empresas en forma acelerada.

Por lo tanto, para lograr este cometido, fue necesario identificar un panel de empresarios y de casos que reunieran el perfil innovador buscado, realizando numerosas entrevistas con ellos y también utilizando ejemplos coincidentes obtenidos a partir de casos recopilados o referenciados por colegas de nuestra red.[3]

Además, se ha privilegiado conocer la realidad de las nuevas empresas que introducen innovaciones de producto/servicio al mercado y que, por lo general, lo hacen sobre la base de un importante esfuerzo de investigación y desarrollo.

---

[3] Las fuentes de información han sido los mismos emprendedores con quienes se han mantenido sucesivas reuniones. También se ha utilizado información de casos realizados por otros profesionales, fuentes detalladas en el anexo de empresas mencionadas.

Cabe aclarar que, si bien los contenidos del libro tratan de captar la cotidianeidad de las empresas con alta performance, ello no significa que al colocarlas frente a un espejo solo se reflejen prácticas de gestión virtuosas. En rigor, el desempeño de las empresas es el resultado final de un conjunto de decisiones y acciones acertadas y desacertadas que ellas llevan adelante y cuyo saldo neto se traduce en dicho resultado.

En consecuencia, lejos de adoptar la premisa de que "todo lo que hace una empresa exitosa es una buena práctica", se ha intentado detectar tanto las lecciones que surgen de sus experiencias más virtuosas como aquellas derivadas de los errores cometidos o de los problemas no resueltos.

Por otra parte, las conductas de las empresas deben ser entendidas en el marco de la etapa de madurez en la que se encuentran. Es decir, que el camino adoptado para resolver un problema o explotar una oportunidad no suele ser el mismo en empresas de diferente edad y/o tamaño. No desconocemos, por lo tanto, las diferencias con el mundo de las empresas más grandes, maduras y, por sobre todas las cosas, más estabilizadas en sus procesos de desarrollo organizacional.

Dicho esto, es necesario comentar que el libro fue realizado pensando en dos tipos de lectores. En primer lugar, está dirigido a todos aquellos que deseen crear una empresa innovadora o que ya están transitando sus primeros años en dicha experiencia. Al reconocerse en los dilemas transitados por quienes tienen más experiencia, ellos podrán encontrar pistas y atajos para reflexionar y revisarlos a través de sus propias prácticas.

Del otro lado está el vasto conjunto de profesionales que trabajan en diversos campos conectados al desarrollo emprendedor, es decir, los responsables de políticas y programas, capacitadores, consultores, profesores e investigadores que desean comprender mejor el mundo de los emprendedores y de las empresas innovadoras con el propósito de brindarles un apoyo más efectivo. El formato del libro y el estilo de comunicación pretenden facilitar su lectura y circulación, buscando, de esa forma, lograr una difusión amplia de sus contenidos.

CAPÍTULO 1

LOS EMPRENDEDORES

- *¿Quiénes son?*
- *¿Qué capacidades reúnen?*
- *¿Dónde y cómo suelen desarrollarlas?*

Las preguntas previas parten de reconocer que las empresas no son un fenómeno meramente económico o de negocios. Por detrás están las personas que consiguen crearlas. Por lo tanto, la primera cuestión a considerar se refiere a las actitudes, aptitudes, habilidades y saberes que los emprendedores deben desplegar para lograr sus objetivos, así como también a las trayectorias que suelen seguir para desarrollar sus competencias.

Esta cuestión es fundamental dado que los emprendedores deberán enfrentar distintos tipos de desafíos en el tiempo. En una primera fase, cuando el emprendimiento es apenas una idea, un sueño, se requieren capacidades para conceptualizar el negocio, elaborar el proyecto, reunir recursos, atacar el mercado y resolver múltiples problemas para poner en marcha su emprendimiento.

Por lo tanto, transformar la idea en realidad exige poder contar con las capacidades y energías necesarias para enfrentar los retos que plantea crear el emprendimiento. Para abordar este tema es necesario tener presente dos cuestiones. Por un lado, la motivación: el motor fundamental, la fuerza vital que permite transitar esta fase. Por el otro, las competencias requeridas para hacerlo. No alcanza con querer, por más fuerte que sea el deseo. Para lograrlo es clave tener el cerebro y los músculos necesarios, algo que los seres humanos no traemos desde la cuna sino que vamos desarrollando a lo largo de nuestras vidas y que, sin dudas, podemos fortalecer a través de la capacitación.

Es importante que quienes deseen emprender conozcan su situación personal en términos de motivaciones y capacidades mediante la comparación con aquellos que ya han conseguido crear una empresa tecnológica dinámica. Ello les permitirá identificar rasgos comunes, áreas de mejora y establecer una agenda de trabajo para el desarrollo personal. Los párrafos que siguen pretenden ayudarlos en la realización de ese ejercicio.

Sus motivaciones

Al igual que en varias cuestiones que presentaremos en el libro, existen algunas características que son comunes a un espectro amplio de emprendedores, en tanto que hay otras que son más específicas de los emprendedores innovadores. Entre las primeras, es posible señalar el deseo de realización personal, un clásico entre los fundadores de empresas dinámicas. También es muy importante la expectativa de mejorar sus ingresos y, en muchos casos, de contribuir a la sociedad mediante la creación de puestos de trabajo. A diferencia de la visión convencional, centrada exclusivamente en el deseo de hacer dinero o de enriquecerse, la experiencia de los emprendedores de carne y hueso presenta un perfil motivacional más complejo.

Un impulso fundamental es el deseo de alcanzar logros importantes en la vida, algo que indudablemente no es una motivación excluyente de los emprendedores, dado que también puede encontrarse en otras profesiones. Habitualmente también se menciona la búsqueda de la independencia como un estímulo muy importante para emprender. Sin embargo, es necesario destacar que no es una sola fuerza la que lleva a emprender sino que se trata de un "paquete motivacional"..

En el caso de los innovadores, cabe agregar como impulso fundamental el deseo de aplicar sus conocimientos a través del emprendimiento. Por otro lado, el anhelo de ser su propio jefe es algo que no siempre aparece con tanta potencia.

El conocimiento es un insumo fundamental sin el cual, muy probablemente, no hubiera sido posible generar la empresa. Esa perspectiva constituye un factor que posibilita la existencia del emprendimiento. Pero lo central es reconocer el papel que éste juega como depositario de las expectativas de desarrollo personal y profesional del emprendedor, en este caso, asociadas a la aplicación del conocimiento del que dispone. En este sentido, el emprendimiento es un factor que posibilita la realización personal en tanto se constituya en un vehículo eficiente y efectivo para la aplicación del conocimiento del emprendedor.

Es lógico que a esta altura surja la siguiente pregunta: ¿no sería más racional volcar esos conocimientos en la empresa en la que trabaja como empleado y capitalizarlo para crecer profesionalmente en ella? Aquí las aguas se dividen entre aquellos que sienten el deseo de ser independientes y quienes no tienen esa motivación.

Por un lado, están quienes "siempre"quisieron trabajar sin jefe. Muchas veces eso ocurre porque se han educado en familias en las cuales los padres, que eran empresarios o trabajaban por cuenta propia, influyeron como modelos inspiradores (consciente o inconscientemente) a la hora de armar sus proyectos de vida. También están aquellos que han conocido el ejemplo de otros empresarios tecnológicos, por lo general del exterior, cuyas historias los han impactado.

En otros casos, el deseo de independencia surge más adelante, mientras trabajan en una gran empresa y ven que el desarrollo de sus carreras en ellas es un embudo. Ya sea porque ven que hay poca gente con cincuenta años o más que trabajan en ellas o incluso, en algunas transnacionales, porque el sendero de crecimiento personal trae aparejada la deslocalización hacia otras subsidiarias y el desarraigo familiar que ello conlleva, algo que no todos consideran un camino deseable.

También están quienes no cuentan con una inclinación tan fuerte hacia el desarrollo independiente. Para ellos, la opción de trabajar en una compañía está latente al menos hasta un determinado momento. Sin embargo, existen razones que los incentivan a seguir el camino emprendedor y que, por lo tanto, los desalientan a trabajar en relación de dependencia.

Una de ellas, muy importante, es la dificultad de encontrar empresas que sean buenos vehículos para la aplicación de sus conocimientos, algo que no debería llamar la atención debido al limitado grado de desarrollo tecnológico de la estructura productiva. La identificación de una idea innovadora por parte de un *intrapreneur* no suele encontrar cabida en la organización en la cual trabaja, dado que no es frecuente que coincida con el área de negocios de ella. Por lo tanto, para concretarla se ve impulsado a crear su propia empresa. También influye la ausencia de una cultura organizacional favorable para el emprendimiento corporativo en las empresas.

Las capacidades requeridas

Emprender requiere contar con un paquete de competencias. Además, dado que crear y gestionar una nueva empresa es un proceso que se desarrolla en el tiempo, las capacidades y conocimientos necesarios para llevar el emprendimiento a buen puerto van cambiando a lo largo de distintas fases. No es lo mismo, en tal sentido, la gestación del emprendimiento que su puesta en marcha o la pelea para sobrevivir, consolidarse y crecer. Por lo tanto, es fundamental que el emprendedor tenga claro estos requerimientos y pueda identificar, por ejemplo, cuándo es conveniente fortalecerse mediante acciones de capacitación, o incluso buscar un socio.

Por estos motivos, buena parte de los emprendimientos dinámicos son fundados por equipos más que por emprendedores individuales, y muchos de ellos registran cambios en su composición a medida que las necesidades de la empresa se modifican y vuelven más complejas.[4]

La primera capacidad requerida es saber identificar oportunidades de negocio. Algunos emprendedores conocidos han llegado a comentar que, incluso, en medio de la noche se despiertan con alguna nueva idea en la cabeza. Si bien todavía sabemos poco acerca de la forma en que este proceso se lleva a cabo en el interior del cerebro, es sabido que se ven involucradas una multiplicidad de conexiones complejas (datos, informaciones, sensaciones) que contribuyen a estructurar la idea del negocio y que proceden de un cúmulo de experiencias previas y trayectorias de vida.

De todas formas, más allá del enorme terreno que existe en el campo de las neurociencias para comprender cómo funciona la mente humana, importa señalar que lo distintivo de los emprendedores es su enorme capacidad de "estar alertas", es decir, de tener la antena siempre encendida para percibir y resignificar fragmentos de la realidad que otros no consiguen ver, articular y estructurar en torno a lo que acabará siendo la idea del negocio.

---

[4] En el Capítulo 2 nos referiremos a estas cuestiones.

En el caso de los emprendedores tecnológicos, es particularmente clave el papel que juega el conocimiento técnico como plataforma para percibir estas oportunidades. Un profesor de la universidad acostumbra decir que "la gente percibe en el entorno lo que conoce". El conocimiento del que disponen es fundamental para identificar problemas y desarrollar soluciones que pueden llegar a convertirse en emprendimientos innovadores. Sin embargo, también hay que tener presente que para que eso suceda es necesario incorporar una mirada con la perspectiva del negocio, algo que muchas veces no se da debido a la preeminencia del perfil técnico de este tipo de emprendedores.[5]

Ahora bien, identificar una idea de negocio no alcanza. Se requiere, además, contar con capacidades para conectarse y recolectar información, para elaborar el concepto del negocio y el modelo en el cual se estructurarán los distintos componentes de la cadena de valor. Todo ello requiere contar con creatividad. Pero también se necesita contar con capacidad para analizar la factibilidad y potencialidad de la idea de negocio y para transformarla en una propuesta diferente. En torno a ella habrá que construir una visión empresarial que oriente el desarrollo en el largo plazo. Se trata de eludir el camino más sencillo de sumarse al mercado con "más de lo mismo", que ya están haciendo otras empresas. Esta tarea requiere mucha energía y acción, algo que solo muy parcialmente ocurre en un escritorio o en un laboratorio.

Este camino exige saber identificar y desarrollar vinculaciones, por ejemplo, con potenciales proveedores y clientes a los que habrá que convencer del atractivo y seriedad de la propuesta. Todo ello supone tener habilidades sociales para tejer lo que hoy conocemos como redes de contacto.

---

[5] La construcción de la idea de negocio merecerá nuestra atención en una sección específica.

Estas capacidades son cada día más reconocidas aun para quienes ya tienen una empresa o incluso para quienes se desarrollan en otros campos de las organizaciones. Pero el *networking* emprendedor es una capacidad especialmente crítica para abrirse paso cuando aún no se ha arrancado o mientras se está ingresando al mercado, dado que todavía se carece de una estructura de recursos propios organizados bajo la forma de empresa. Cuanto menor es la espalda propia, más importante es el cerebro, los brazos y las piernas porque hace falta circular y contactar a otros que puedan compensar esa falta de recursos propios. En términos más formales, podría decirse que las redes son la "organización virtual" del emprendedor en aquella fase en la que aún no tiene su propia empresa.

Las capacidades de tejer redes son requeridas dado que la demanda de recursos especializados en este tipo de emprendimientos suele ser mayor que en el sector convencional. Además, porque para conseguir sus primeras ventas deben construir confianza en el mercado cuando todavía no tienen una trayectoria de respaldo, algo que se ve agravado por tratarse de sectores nuevos.[6]

También es necesario saber seleccionar colaboradores y armar equipos de trabajo a los que habrá que motivar y liderar. Las capacidades comunicacionales son, por ende, muy relevantes en las vinculaciones con quienes trabajan en la empresa. Otra capacidad fundamental es la de saber administrar recursos escasos con austeridad y negociar, no solo precios o condiciones de compra y venta. Cada instancia de acción en la agenda del emprendedor supondrá una multiplicidad de situaciones en las cuales sus capacidades de negociación se verán puestas a prueba.[7]

---

[6] Dada su importancia, el *networking* emprendedor merecerá un capítulo específico de este libro.

[7] En coherencia con ello, dedicaremos sendos capítulos a la gestión de recursos humanos y al financiamiento, dos temas en los cuales los emprendimientos tecnológicos presentan particularidades importantes que merecen especial atención.

Adicionalmente, el proceso emprendedor y la gestión empresarial exigen contar con fuertes capacidades para tolerar la ambigüedad e incertidumbre que rodea el campo de los negocios y saber tomar decisiones en medio de dicho contexto. De hecho, hay quienes dicen que la capacidad empresarial por excelencia consiste en tener buen criterio, capacidad de juicio. Una parte importante de las decisiones que deben tomar los emprendedores, las más relevantes, se dan en condiciones de información muy limitada y sin que sea demasiado predecible el resultado de cada una de las opciones a las que ellos se enfrentan.

> *La disponibilidad de información cierta es inversamente proporcional al grado de innovación de un negocio.* José Veciana.

Por lo tanto, frente a una misma situación, dos emprendedores con similar nivel de formación podrán, muy probablemente, elegir caminos diferentes. Es que para decidir deberán metabolizar las incertidumbres existentes de acuerdo con las condiciones generales de la macroeconomía –nacional e internacional– tanto como las que se dan en los mercados en los que operan y en las tecnologías. La forma en la que lo harán dependerá de sus experiencias, por lo cual variará enormemente.

En este contexto, también es clave saber tolerar la frustración que suele generar la brecha que existe entre los sueños y la realidad, y poder encontrar caminos que ayuden a simplificar la complejidad que encierran los problemas que habitualmente se presentan en el mundo de los negocios.

También son cruciales las capacidades de aprender, de ser flexible para adaptarse, de trabajar en forma sacrificada, la ejecutividad en la toma de decisiones y, a medida que la empresa va desarrollándose, la habilidad para delegar.

COMPETENCIAS Y ACTITUDES CLAVE PARA EMPRENDER	
✔ Visión de largo plazo	✔ Negociación
✔ Identificación de ideas de negocio	✔ Trabajo en equipo
✔ Conocimiento técnico	✔ Administración de recursos
✔ *Networking*	✔ Elaboración y evaluación de proyectos
✔ Resolución de problemas en forma creativa	✔ Planificación: definir agendas estratégicas, metas prioritarias y recursos
✔ Proactividad	✔ Trabajo duro
✔ Flexibilidad y adaptación	✔ Tolerancia al riesgo y la incertidumbre
✔ Ejecutividad	✔ Aprendizaje de la experiencia
✔ Saber delegar	✔ Tolerancia ante las frustraciones
✔ Comercialización	✔ Comunicación

Fuente: elaboración propia.

La trayectoria formativa

Tal como hemos visto, las capacidades necesarias para crear y desarrollar un emprendimiento innovador son amplias y diversas. La reconstrucción de las historias de vida de los emprendedores dinámicos permite comprender cómo han sabido capitalizar su pasaje por diversos ámbitos para aprender a emprender. Ello no significa que todo el aprendizaje haya sido fruto de una estrategia deliberada para lograr dicho propósito. Por el contrario, buena parte del mismo ha sido el resultado de experiencias y vivencias que han comenzado a ocurrir, inclusive, mucho antes de que surgiera el deseo de emprender.

Este acervo de saberes, habilidades y capacidades acumulados a través de las experiencias, sumado a las motivaciones y expectativas, configura el perfil emprendedor, uno de los elementos más relevantes del proceso para llevar adelante un nuevo emprendimiento. Distintos autores han denominado a este conjunto de capacidades *capital humano emprendedor*, el cual se nutre básicamente de: a) los antecedentes formativos del emprendedor, b) sus experiencias laborales, y c) sus experiencias empresariales o emprendedoras previas.

PERFIL DEL EMPRENDEDOR

Capital humano acumulado + Capacidades y actitudes reveladas + Capital social (redes) + Fuerza motivacional

Conocimientos técnicos-específicos

Conocimientos generales

Proceso formativo

Experiencias

Laborales

Empresariales

Específicas

Generales

Fuente: elaboración propia.

Se afirma, en general, que el capital humano emprendedor influye positivamente sobre el desempeño de las nuevas firmas. Cuanto mayor sea esa plataforma, mejores serían las perspectivas que se le abren a la empresa luego de lanzarse al mercado. Sin embargo, este capital humano acumulado tiene un componente genérico y uno específico. Mientras el primero se relaciona con saberes generales, codificados y fácilmente transferibles, el segundo incluye aquellos conocimientos, saberes, habilidades y capacidades que se encuentran fuertemente relacionados con el tipo de proyecto o sector donde se desenvolverá la nueva empresa. Cuanta mayor relación exista entre los antecedentes formativos, laborales y empresariales de un emprendedor y el tipo de proyecto que se piense encarar o el sector o industria donde se quiera insertar, mayores serán las ventajas que de él se puedan extraer, ya que básicamente se trata de saberes y conocimientos tácitos, no codificables y difícilmente transferibles a otros.

Sin embargo, comprender las trayectorias de la acumulación de capacidades de los emprendedores innovadores dinámicos puede servir a otros emprendedores para detectar necesidades y, también, oportunidades de aprendizaje.

En primer lugar, es fundamental tener en claro que no existe una trayectoria única para el desarrollo de capacidades sino que ella dependerá del punto de partida y del perfil de inserción ocupacional previo. Hay que considerar que cuando hablamos de emprendedores innovadores o tecnológicos, en verdad nos estamos refiriendo a un conjunto de seres humanos que no tienen un perfil homogéneo, sino que sus experiencias de vida y la forma en que se forja su deseo de emprender varían.

En términos simplificados, podemos encontrar tres perfiles nítidos de emprendedores. Por un lado, están los que salen del mundo científico y montan una empresa sobre la base de los resultados de investigaciones desarrolladas en los laboratorios de alguna institución de CYT, en ciertas ocasiones bajo la forma de un desprendimiento (*spin off*), o incluso de una tesis de graduación.

ALGUNOS EJEMPLOS DE EMPRENDIMIENTOS DE BASE CIENTÍFICA

Biocancer es una empresa brasileña dedicada al testeo clínico de drogas para el tratamiento del cáncer. Fue creada desde un laboratorio del Hospital de Clínicas de la Universidad Federal de Minas Gerais (HC/UFMG) por el doctor Alberto Wainstein (41), médico, y la doctora Paula Drumond (39), farmacéutica, quienes regresaban de realizar estudios de postdoctorado en los Estados Unidos. En otros casos, la plataforma de partida fueron las tesis de graduación. Por ejemplo, Delta Biotech, empresa argentina productora de ingredientes activos para alimentos sin colesterol, hizo su desarrollo inicial inspirada en los resultados de la tesis de maestría de su fundador, Germán Valcarce (36). Algo similar ocurrió en Diagnotec. Geraldine Mylnarz (35), agrónoma chilena, y Ana María Sandino (47), su directora de tesis, desarrollaron una nueva tecnología para la detección de enfermedades del salmón que es menos cruenta para los peces. La plataforma inicial de conocimientos en los que se basaron eran, precisamente, los resultados de la tesis de Geraldine.

En segundo lugar, están los estudiantes avanzados y los egresados recientes de las universidades, quienes con baja o nula experiencia laboral se deciden a emprender, en muchos casos aun sin completar la carrera. Esta situación es muy común en ciertos emprendimientos del sector de TICS (Tecnologías de la Información y la Comunicación), como aquellos que se basan en Internet, aunque también alcanzan al mundo del software. Un subgrupo especial es el formado por aquellos que, incluso, no llegan a graduarse o que arman su propia trayectoria formativa combinando materias de distintas carreras que son de su interés.

ALGUNOS EJEMPLOS DE JÓVENES EMPRENDEDORES UNIVERSITARIOS

YX Wireless, dedicada al diseño, desarrollo, fabricación y comercialización de equipos electrónicos de alta tecnología para telecomunicaciones celulares fue fundada por cuatro estudiantes chilenos de ingeniería: Mike Leatherbee (32), Alejandro Patillo (31), Felipe Vásquez (32) y Eduardo Bendke (32). Otros jóvenes que se dejaron llevar por la pasión emprendedora y fundaron sus empresas cuando tenían entre 17 y 25 años fueron Iván Arce, Jonatan Altszul, Ariel Futoransky, Emiliano Kargieman, Gerardo Richiarte y Lucio Torre. Este grupo de jóvenes estudiantes de matemática y de ingeniería no llegaron a concluir sus carreras para dedicarse de lleno a desarrollar Core Security Technologies, una firma argentina pionera en el mundo de la seguridad informática. También pueden mencionarse los casos de Pedidos Ya, empresa uruguaya de *delivery* de restaurantes por Internet creada por Álvaro García (24) y Ariel Burschtin (22), dos estudiantes avanzados de ingeniería de software, y de Three Melons, uno de los primeros productores de videojuegos de la región, fundada por un grupo de jóvenes *videogamers*: Patricio Jutard (28), Pablo Mayer (30), Augusto Petrone (28) y Nicolás Cúneo (31) liderados por Mariano Suárez Battan (30), este último graduado en economía empresarial.

Pero la situación más frecuente es la de los profesionales o ejecutivos que dejan la empresa en la que trabajan para llevar adelante su proyecto de negocio. La amplitud de emprendimientos que surgen de esta forma es mayor que en los casos anteriores, pudiéndose encontrar ejemplos en el mundo de las TICs, de la química, de la biotecnología y de los bienes de capital, entre otros. Es que la experiencia laboral previa es la mayor escuela de emprendedores.

ALGUNOS EJEMPLOS DE EMPRENDIMIENTOS CREADOS POR PROFESIONALES/EJECUTIVOS DE EMPRESAS

Byron Rojas (34) es el fundador de Barrick S.A., la empresa ecuatoriana que desarrolló un hardware para la transmisión de datos en la industria financiera. Byron detectó la oportunidad de negocios y desarrolló el producto mientras era Gerente Tecnológico de Bismark S.A., una compañía del sector de telecomunicaciones.

Martín Migoya, Guibert Englebienne, Martín Umaran y Néstor Nocetti, fundadores de Globant, también tenían una vasta experiencia como ejecutivos de compañías multinacionales en el sector de las telecomunicaciones, de energía e industria financiera.

Otro tanto puede decirse de Diego Bazzurro, quien dejó su puesto de gerente de negocios en Air Liquide para crear Body Health, una empresa argentina dedicada a la producción de equipamientos para la realización de tratamientos estéticos y de salud, o de Carlos Moreira (37), Edgar Diniz (39) y Leonardo César (36), los fundadores de TV Esporte Interactivo, una empresa brasileña de servicios de entretenimiento por Internet. Ellos provenían de grandes corporaciones tales como JP Morgan Chase, Banco Brascan, Banco de Boston y UBS.

Un repaso por los perfiles comentados (el científico-académico, el del joven estudiante o egresado reciente y el de los profesionales-ejecutivos de empresa) permite realizar algunas consideraciones sobre sus particularidades.

En primer lugar, es posible señalar que el conocimiento técnico básico suele ser aportado por la universidad y también por las instituciones de ciencia y tecnología (CYT). De todas formas, ello no alcanza para emprender. En particular, las instituciones de CYT suelen ser ámbitos poco fértiles para el surgimiento de emprendedores. Además, el perfil de los científicos tampoco suele encuadrar demasiado con el del emprendedor. La falta de orientación a la acción y de capacidades de comercialización (incluyendo la comunicación y el contacto con el mercado) quizá sean sus déficits más notorios. Por eso es que cada vez más países buscan construir puentes, por ejemplo a través de foros y redes, entre el mundo de los científicos y el de los emprendedores. La complementación de perfiles en los equipos emprendedores es clave.

Por el otro lado, en el caso de la mayor parte de los jóvenes estudiantes o egresados recientes, las carencias suelen provenir del hecho de no contar con experiencias aleccionadoras ni con los contactos relevantes que suelen adquirirse en el ámbito de las empresas.

Algunos de ellos, sin embargo, han podido beneficiarse de haber llevado a cabo ensayos emprendedores previos, experiencia que sin duda debe computarse en su haber como campo de aprendizaje relevante. El contacto con el mercado, aun cuando no sea en el rubro del negocio que estén encarando en la actualidad, les enseña a relacionarse con proveedores y clientes, a vender, a comunicarse, a negociar y definir condiciones contractuales, a administrar un flujo de caja. Todas ellas son vivencias de particular significación para aprender el ejercicio de una actividad que es muy intensiva en experimentación y en adquisición de conocimientos tácitos, es decir, aquellos que no están en los manuales. Algunos de los emprendedores exitosos cuentan en su haber con experiencias juveniles, por ejemplo, vendiendo o reparando computadoras para empresas o desarrollando revistas, entre otros casos.

Están, por último,los emprendedores más maduros, aquellos que han transitado, antes de emprender, por una serie de puestos en relación de dependencia como profesionales, en algunos casos llegando a ocupar lugares gerenciales dentro de las empresas. En términos generales, estos emprendedores suelen tener una plataforma de competencias más sólidas para llevar adelante el emprendimiento.

De hecho, es comúnmente aceptado que las empresas son las principales "escuelas de empresarios". En ellas, es posible tomar contacto con el fenómeno organizacional, ver como trabaja el mercado, relacionarse con los clientes y/o proveedores, es decir, aproximarse a la lógica de los negocios. Obviamente, no todos los empleos proveen el mismo nivel de experiencia y, por lo tanto, distintas vivencias pueden llevar asociados diferentes niveles de aprendizaje. Por ejemplo, aquel que haya tenido la posibilidad de trabajar en un área comercial habrá podido beneficiarse del contacto con los clientes, mientras que quien haya estado trabajando en un área estrictamente técnica podrá verse más limitado en su comprensión de los negocios. Asimismo, quien se haya desempeñado en algún puesto de responsabilidad teniendo gente a su cargo habrá podido experimentar mejor los desafíos de motivar y conducir gente.

Con otra perspectiva, el que ha trabajado en una PYME habrá podido tener acceso en forma más completa al despliegue del rol empresarial. Asimismo habrá tenido mayores oportunidades de entender cómo se hacen los negocios en escalas y niveles de estructuración organizacional limitados. Se trata de experiencias especialmente aleccionadoras para quienes recién comienzan.

Por el otro lado, las grandes empresas suelen aportar una mirada más sofisticada acerca de cómo debe organizarse una empresa y, en el caso de las transnacionales, muchas veces ayudan a forjar una orientación internacional. Varios de los emprendedores que se destacan por su visión global de los negocios reconocen el aporte de los viajes al exterior de los que han participado mientras trabajaban en este tipo de firmas.

Por último, las empresas son fuente de contactos relevantes. Muchos emprendedores han podido encontrar en ellas a sus futuros clientes y/o proveedores o incluso a sus futuros socios, tal como veremos en el capítulo siguiente.

EMPRENDEDORES DINÁMICOS INNOVADORES:
PRINCIPALES ÁMBITOS DONDE ADQUIRIERON SUS CAPACIDADES
(en porcentaje)

Competencias	Universidad	Experiencia laboral
Solucionar problemas	33	74
Capacidad para relacionarse con otros	26	59
Negociar	11	77
Trabajar en equipo	31	70
Conocimiento técnico	48	55
Marketing	29	59
Administrar	30	66
Comunicar	23	64

Fuente: Kantis y otros, 2004: op. cit.

En resumen, quienes decidan emprender deberían aprovechar su tránsito por estos ámbitos en beneficio de sus capacidades emprendedoras.[8] No solo los estudios sino también los empleos previos –como se ve en la tabla anterior– pueden constituir una fuente de competencias para

---

[8] Existen también instituciones como EMPRETEC, programa desarrollado por las Naciones Unidas en más de 30 países, que apoyan a emprendedores contribuyendo a desarrollar 10 competencias y capacidades emprendedoras clave para crear una empresa, basada en la metodología del profesor McClelland de la Universidad de Harvard. Las 10 competencias de acuerdo con este enfoque son: 1) búsqueda de oportunidades e iniciativa, 2) correr riesgos calculados, 3) exigir eficiencia y calidad, 4) persistencia, 5) cumplimiento, 6) búsqueda de información, 7) fijar metas, 8) planificación sistemática y seguimiento, 9) persuasión y redes de apoyo, y 10) autoconfianza e independencia.

emprender. Ser consciente de ello es vital para aprovechar estas experiencias, especialmente mientras todavía están teniendo lugar.

Cabe tener presente que la mayor parte de quienes crean emprendimientos dinámicos sale de las empresas. Por lo tanto, existe una etapa del proceso de gestación del emprendimiento durante la cual todavía están trabajando en una empresa. En esa instancia, es clave diagnosticar con claridad qué aprendizajes y contactos reales o potenciales pueden capitalizar –dentro del marco de lo ético– para su emprendimiento.

Finalmente, también es posible sugerir un ejercicio de autoevaluación que permita identificar las fortalezas y debilidades del emprendedor sobre la base de sus experiencias formativas previas. Una mirada retrospectiva podrá ayudar a los emprendedores a construir su radiografía y conocer mejor su propio perfil de capacidades, así como también las áreas en las que debe decidir algún plan de fortalecimiento vía capacitación, por ejemplo, o incluso a través de la incorporación de algún nuevo socio.

Preguntas y ejercicios para seguir aprendiendo

Para emprendedores

1. ¿Cuáles son las principales razones por las cuales decides crear tu propia empresa? Saberlo te ayudará a evaluar la marcha del emprendimiento desde tu perspectiva personal. Averígualo completando la siguiente tabla en donde del 1 al 5 puedes indicar la importancia que, en tu caso, tiene (o ha tenido) cada una de estas motivaciones:

Motivaciones para emprender	1	2	3	4	5
El deseo de ser independiente - Ser tu propio jefe					
La realización personal					
El poner en práctica los conocimientos adquiridos (a través de la educación o la experiencia laboral)					
El deseo de imitar a otros empresarios exitosos					
El deseo de contribuir a la sociedad					
El deseo de obtener estatus social					
La vocación por seguir la tradición familiar en los negocios					
El deseo de mejorar mis actuales niveles de ingresos					
El temor a perder el trabajo en el que estaba					
La insatisfacción con mi trabajo anterior					
El deseo de hacer un proyecto mío luego de que no pudiera llevarlo a cabo en la empresa/institución a la que pertenecía					
Las ganas de realizar un proyecto trabajando con un equipo de amigos y/o conocidos					
La necesidad de encontrar un trabajo porque estaba desempleado					
El deseo de crear una empresa de rápido crecimiento					
El deseo de crear una empresa capaz de crecer internacionalmente					

Referencias. 1: No importante; 2: Poco importante; 3: Indiferente; 4: Importante; 5: Muy importante.

2. ¿Cuál es la imagen que tienes de tu negocio? ¿Cómo deseas ver tu empresa dentro de tres años? Conocerlo te permitirá definir mejor la hoja de ruta para lograrlo (marca solo una opción).

Como una microempresa	
Generando ingresos para mí y mi familia	
Como una empresa pyme que busca seguir creciendo sin techo	

3. ¿Has reflexionado sobre los desafíos que implica decidir-se por la carrera emprendedora? Aquí puedes encontrar algunos aspectos del día a día del emprendedor sobre los cuales reflexionar. ¿Estás verdaderamente dispuesto?

DESAFÍOS DEL DÍA A DÍA DEL EMPRENDEDOR

Sacrificio y compromiso personal. Crear una empresa es un evento personal que implica un cambio en el estilo de vida previo. Requiere trabajo duro y largas horas de dedicación, a veces, sin una recompensa inmediata, especialmente en los primeros tiempos.

Incertidumbre financiera. Sobre todo en los inicios, deberá posponer gastos propios o de su familia en pos de inversiones en la empresa. Pueden pasar varios meses hasta que la empresa comience a dar beneficios. Además, varios de los "beneficios" del empleo en relación de dependencia se pierden (vacaciones pagas, licencias pagas, etc.).

Apoyo de la familia y el círculo cercano. Este cambio de vida no solo influye sobre el emprendedor sino también sobre su familia. Ellos deben conocer desde el principio los desafíos que significa la creación de una empresa y las implicancias que esto tendrá sobre la vida familiar. Asimismo, este apoyo "emocional" debe ser complementado con un apoyo activo a las cuestiones de la empresa, acercando contactos, actuando como frontón de ideas, etc.

4. Crear y hacer crecer una empresa innovadora involucra el despliegue de un número importante de capacidades y habilidades. La tabla siguiente propone un ejercicio de autoevaluación para que puedas tener una primera visión de tus fortalezas y debilidades. Evaluar del 1 al 5

qué tan desarrolladas tienes cada una de las siguientes capacidades y habilidades para emprender.

Capacidades y habilidades para emprender	1	2	3	4	5
Tener visión del negocio a mediano y largo plazo					
Identificar nuevas ideas o proyectos					
Anticiparse a los cambios de escenario					
Resolver problemas en forma creativa					
Ser proactivo y tener iniciativa					
Actuar con flexibilidad y saber adaptarse a los cambios de escenarios					
Ser ejecutivo en la toma de decisiones					
Delegar actividades y autoridad					
Comunicar ideas con claridad					
Negociar y manejar conflictos					
Trabajar en equipo					
Relacionarse con los demás y construir redes					
Administrar recursos					
Planificar, elaborar y evaluar proyectos					
Comprometerse con el trabajo					
Tolerar el riesgo y la incertidumbre					
Aprender de la experiencia					

Referencias. 1: Muy bajo; 2: Bajo; 3: Medio; 4: Alto; 5: Muy alto.
Nota: aquellos aspectos evaluados como 1, 2 y 3 constituyen posibles áreas de mejora y/o fortalecimiento.
Fuente: elaboración propia.

Para docentes e investigadores

1. ¿En qué medida las motivaciones de los emprendedores y sus actitudes hacia el crecimiento afectan el futuro desarrollo de su negocio?
2. ¿Cuáles son los principales ámbitos donde los emprendedores adquieren sus capacidades y habilidades? ¿Cómo es su proceso de aprendizaje?

3. ¿Pueden realmente las instituciones educativas jugar un papel importante para forjar vocaciones y capacidades emprendedoras? ¿Conoce experiencias aleccionadoras que estén teniendo impacto? ¿Cuáles son los "casilleros vacíos" o las oportunidades por explotar? ¿En qué medida la articulación con el mundo de las empresas podría contribuir a generar programas formativos más efectivos?

4. ¿Cuáles son las capacidades y habilidades críticas que caracterizan a los emprendedores más dinámicos? ¿Cuáles pueden ser desarrolladas y desde qué ámbitos? ¿Qué enfoques pedagógicos se ajustan más a la realidad del proceso de adquisición de capacidades y habilidades emprendedoras? ¿Qué tipo de metodologías?

Para responsables de programas y profesionales de apoyo

1. ¿Qué tipo de acciones e instrumentos se pueden diseñar para acercar la experiencia de quienes ya crearon una empresa innovadora a quienes aún no lo hicieron? ¿Qué criterios aplicaría a la hora de elegir los casos a exponer? ¿Por qué? ¿Qué vehículos o medios se utilizarían para la difusión de modelos de rol?

2. ¿Qué papel debería jugar el sistema educativo en la formación de vocaciones y capacidades emprendedoras? ¿Conoce experiencias de países que estén llevando do adelante políticas concretas en este campo?

3. ¿Cuáles son los factores clave para un programa de capacitación de emprendedores que se adapte al perfil de capacidades requeridas para crear un emprendimiento innovador dinámico? Piense, durante 60 segundos, nombres de programas que hoy ya lo estén haciendo con éxito.

4. A lo largo del capítulo se mencionaron tres perfiles distintos de emprendedores: I) académico-científico,

II) estudiantes avanzados y graduados recientes y III) profesionales-ejecutivos de empresas. ¿En qué aspectos del proceso de diseño e implementación de políticas y programas estas diferencias pueden ser tenidas en cuenta? (Por ejemplo, en las acciones de captación/convocatoria, comunicación y perfil de servicios de apoyo.)

CAPÍTULO 2

LA CONSTRUCCIÓN DE EQUIPOS EMPRENDEDORES EFECTIVOS

- *¿Cuándo es conveniente emprender con socios?*
- *¿Cómo y dónde se puede encontrar un socio?*
- *¿Cómo decidirse por un socio?*
- *¿Cómo lograr un equipo efectivo?*
- *¿Cuáles son los conflictos más típicos entre los socios? ¿Cómo evitarlos?*

Buena parte de los emprendimientos innovadores dinámicos son fundados por equipos. Ello no debería llamar la atención si se tienen en cuenta los comentarios incluidos en el capítulo anterior acerca de las capacidades necesarias para emprender. Tal como se señaló, se requiere contar con un *pool* de conocimientos, habilidades, aptitudes y actitudes que un emprendedor en forma individual no suele reunir. Por lo tanto, el equipo aparece como una solución organizacional apropiada.

Además, un equipo puede aportar otros elementos relevantes para el desarrollo del emprendimiento tales como contactos, recursos y una plataforma de contención emocional capaz de reforzar el compromiso y la confianza en el proyecto empresarial. Los grandes números aportados por las estadísticas y las historias de éxito dan cuenta de la importancia estratégica que tiene el equipo emprendedor para llevar el emprendimiento a buen puerto.

Sin embargo, un equipo emprendedor efectivo es algo que se construye sobre la base de un esfuerzo importante y de la presencia de un conjunto de características determinadas.

Si no se dan estos requisitos, el equipo puede volverse un salvavidas de plomo, y el sueño emprendedor simplemente una pesadilla. Por estos motivos, es muy importante tener claro cuándo conviene tener un socio, entender bien el proceso de construcción de equipos emprendedores efectivos, así como también conocer los factores clave que deben ser tenidos en cuenta a tal fin.

¿Cuándo es conveniente emprender con socios?

Decidirse a emprender en forma asociativa es algo que debe hacerse con cuidado, ya que sus implicancias son de largo plazo. Una posición extrema es la de quienes no son partidarios de emprender asociativamente. Así se expresaba un consultor en una reunión: "Muchos emprendedores se asocian porque tienen temor de emprender solos. Si lo pensaran dos veces, en muchos casos, se darían cuenta de que lo que precisan no es un socio. Por ejemplo, a veces lo que necesitan es alguien con quien poder contraponer ideas u obtener consejos. Eso lo podrían encontrar en profesionales de instituciones de apoyo, a través de redes con otros emprendedores o con empresarios. Si, alternativamente, están precisando dinero, deberían buscar un inversor. En otros casos deberían concluir que emprender no es para ellos, definitivamente".

Este punto de vista es, por cierto, un tanto extremo. Sin embargo, más allá de su espíritu provocador, invita a pensar acerca de las expectativas a depositar en un socio potencial y, en algunos casos, en el sentido mismo de asociarse.

Hay que reconocer que cuanto menor sea el acceso a profesionales, a instituciones de apoyo, a redes con otros emprendedores o empresarios y a recursos, mayor será el atractivo de asociarse. En otros términos, cuanto más solos nos deje el contexto, más atractivo tendrá buscar un socio.

Ahora bien, ¿cómo ocurre en la realidad? ¿Cómo deciden los emprendedores que necesitan un socio? En algunos casos, la opción de emprender solo no aparece siquiera en la mente del emprendedor. Por ejemplo, Jorge, uno de los fundadores de CYT, una empresa argentina que fue pionera en el desarrollo de derivadores automáticos de llamadas, reconocía tiempo atrás que si hubiera tenido que emprender solo quizá nunca se hubiera decidido a hacerlo.

En verdad, se parece bastante a la decisión de casarse. Hay un afecto –en este caso el *affectio societatis*– que lo único que expresa es el deseo. Pero, al igual que en la pareja, los emprendedores muchas veces no son del todo conscientes de los motivos por los cuales eligieron a tal o cual socio y no a otro. No es un proceso completamente racional.

Mucho tiene que ver con la oportunidad, con cuestiones de afinidad y *feeling* sin desconocer que, en algunos casos, los emprendedores deciden "hacer algo juntos" cuando todavía no saben bien qué van a hacer. También es muy común que haya uno que tiene la idea y que convoca a otra u otras personas a sumarse al proyecto. Aquí la decisión suele ser más racional dado que la invitación suele ser dirigida a quien o quienes poseen capacidades o recursos que el emprendedor desea incorporar. Por lo tanto, siendo el *feeling* un ingrediente clave en la "cocción" de un equipo naciente, hay ciertas preguntas que todo emprendedor debería hacerse antes de decidirse por la opción de asociarse:

a) ¿Por qué quiero emprender en equipo y no solo?

b) ¿Qué espero encontrar en un socio que no tenga yo solo o que no pueda conseguir a través del mercado?

c) ¿Cómo me he sentido y cómo me ha ido en experiencias asociativas anteriores? ¿Tengo el perfil adecuado para convivir con un socio?

d) ¿En qué medida la idea de negocio promete ser tan atractiva y potente como para invitar a otros?

Si la respuesta a estas preguntas conduce a la búsqueda de un socio, entonces es posible que sea interesante conocer cómo y dónde encontrarlos.

¿Cómo y dónde se puede encontrar un socio?

No existe un único ámbito en el cual uno pueda encontrar un buen socio. Sin embargo, es posible ofrecer algunas pistas orientadoras.

Un caso muy frecuente es el de las personas que se conocieron en el ámbito laboral o de la universidad. Allí suelen tener lugar ciertas vivencias a lo largo de las cuales surgen afinidades y se evidencian ciertas capacidades concretas que luego se identificarán como necesarias para el emprendimiento. No obstante, además de las redes que se forjan en estos ámbitos, los emprendedores también se valen de los contactos generados directa e indirectamente a través de su núcleo social y familiar.

En resumen, la pregunta acerca de dónde buscar un socio no tiene una respuesta única. Sin embargo, sabemos que limitar la búsqueda a la familia o a los amigos puede ser un error. Es cierto que este tipo de lazos aportan la confianza fundamental que hace falta para entenderse, lo cual sirve para dormir más tranquilo. Eso ayuda mucho. Pero por el otro lado, hay que evitar la tentación de ceñirse al círculo social más cercano cuando no encontramos en él lo que estamos necesitando.

Un estudio que hicimos sobre los emprendedores innovadores chilenos[9] muestra, precisamente, que este tipo de conducta suele ser más común entre las nuevas empresas que no logran crecer, mientras que las más dinámicas son

---

[9] Kantis, H. y Díaz, S.: *Innovación y emprendimiento en Chile. Una radiografía de los emprendimientos dinámicos y de sus prácticas empresariales*, Fundación Endeavor Chile, Santiago de Chile, 2010.

conducidas por equipos más abiertos, es decir, que incluyen la participación de socios que no son familiares. Dicho de otra manera, un socio tiene que ayudar a enriquecer la plataforma de despegue del emprendimiento. Por más relevante que sea, no alcanza con aportar el soporte emocional para enfrentar la adversidad.

A continuación, se presentan algunas experiencias que ilustran acerca de cómo surgen los equipos emprendedores en las nuevas empresas tecnológicas de rápido crecimiento.

EL SURGIMIENTO DE EQUIPOS EMPRENDEDORES DINÁMICOS

Los emprendedores suelen conocerse de las empresas en donde trabajaron, de la universidad y, en alguna medida, de los ámbitos sociales más cercanos (familia, amigos, allegados). A través de sus redes personales, ellos construyen los equipos que les dan vida a sus empresas. Lo que es relevante, en todos los casos, es que exista una unión de voluntades y capacidades relevantes para emprender, evitando caer en la construcción de equipos exclusivamente basados en los lazos afectivos.

Miguel Santos (40), Adrián Iglesias (42) y Germán Pugliese (42), fundadores de Technisys, una firma de software para bancos, se conocieron mientras trabajaban en IBM de Argentina y, para completar el equipo, convocaron a dos profesionales que habían sido sus jefes en dicha empresa. En otros casos, como el de Evolutiva y de YX Wireless, los emprendedores se conocieron en la universidad, en tanto que en Three Melons ya compartían su pasión por los videojuegos desde la adolescencia, cuando eran compañeros de la escuela secundaria. La matriz societaria de Intellisoft, empresa chilena dedicada al desarrollo de software como servicio para aplicaciones empresariales, fue la familia. Sus socios fundadores son los hermanos Sergio y David López.

Pero los orígenes de los equipos pueden ser más variados y dar lugar al entrecruzamiento de redes de distinto tipo. En Body Health, por ejemplo, Diego y Fernando se conocieron en reuniones sociales organizadas por sus respectivas familias, que eran amigas. En uno de esos encuentros, ellos decidieron que iban a crear una empresa, aun cuando no sabían a qué negocio se iban a dedicar. Una vez que lo descubrieron convocaron y asociaron al ex gerente de la empresa en la cual había trabajado Diego, quien reunía los conocimientos técnicos para encarar el desarrollo de la máquina que iban a producir. Carlos Porta (55) y Martín Bonadeo (52), socios fundadores de MaqTec, la empresa productora de cosechadoras de aceitunas, se conocían del ámbito productivo local de Venado Tuerto, en la provincia de Santa Fe, Argentina. En las ciudades del interior existen tejidos productivos en los que las relaciones de confianza entre las personas suelen ser más comunes. Sin embargo, al tiempo visualizaron la necesidad de incluir a alguien con mayor visión comercial a cuyos efectos convocaron al primo de uno de ellos, José Mourelle (52), un economista que venía de trabajar en Francia en el área de negocios de una terminal automotriz.

Un ámbito mucho menos frecuente para el surgimiento de equipos emprendedores dinámicos, debido al tipo de cultura organizacional predominante, es el sector público. Sin embargo, Edgar Sánchez (37), uno de los fundadores de SCM Metrología, una empresa costarricense especializada en equipos de medición, conoció a su socio, Fernando Alvarado (40), cuando trabajaban como responsables de distintas áreas en la Oficina Nacional de Normas y Unidades de Medidas del Ministerio de Economía. Desde el principio de la relación reconocieron que tenían muchas afinidades, tales como el interés científico por la metrología y un espíritu de superación permanente que acabó trascendiendo las fronteras de una oficina pública y dando lugar a una nueva empresa.

También están los casos más exóticos de socios que se conocen por Internet, como los emprendedores de Core Security Technologies, quienes se conocieron en un chat sobre seguridad informática y, luego de interactuar varios años en forma virtual, decidieron juntarse a tomar un café para conocerse las caras. La irrupción de Internet y de comunidades virtuales comienza a ser un espacio de contacto inicial relevante, especialmente para los más jóvenes.

Fuente: elaboración propia en base a casos relevados.

¿Cómo decidirse por un socio?

Existe una instancia en la cual los emprendedores deben detenerse, tomar distancia y definir si se asocian o no. Ya hemos señalado la importancia del *affectio societatis* y del *feeling* a la hora de decidirse por un socio. La intuición es una brújula muy importante sin lugar a dudas. Sin embargo, la experiencia de los emprendedores permite identificar algunos factores clave adicionales.

La afinidad en torno a un proyecto compartido y la existencia de expectativas confluyentes acerca del negocio que se desea construir son elementos presentes en los casos de éxito. Es importante poder percibir que cada uno tiene algo relevante para aportar y que, aun cuando no se trate de una cuestión de cuentas exactas, exista cierto equilibrio entre los aportes y los derechos de cada socio.

También hay que tener en cuenta que la decisión de asociarse no suele ser algo que ocurre de una vez y para siempre. Aun cuando se haya tomado la decisión inicial de avanzar por el mismo camino, los emprendedores pueden todavía observar a sus futuros socios durante la misma gestación del emprendimiento. Cuando se carece de una plataforma societaria básica prometedora es mejor frenar antes de lanzarse al mercado.

PREGUNTAS ÚTILES
PARA ORIENTAR LA DECISIÓN DE ASOCIARSE

- ✔ ¿Tengo *feeling* con la otra persona como para embarcarme en un proyecto que supone asumir riesgos y mantener el equilibrio en momentos difíciles?
- ✔ ¿Tenemos objetivos comunes y una visión compartida de lo que queremos lograr con el proyecto (y en qué tiempos)?
- ✔ Los valores de la otra persona, expresados en sus pautas básicas de conducta y sus gestos, ¿son compatibles con los míos?
- ✔ Su grado de compromiso con el proyecto, ¿es similar al mío?

- ✔ ¿Qué capacidad de contribuir al desarrollo del proyecto tiene la otra persona? ¿Que le aportará (conocimientos, contactos, energía)?
- ✔ ¿Son nuestras capacidades complementarias? ¿Cuál es la experiencia previa de la otra persona y cuánto de eso es capitalizable para el proyecto?
- ✔ ¿Como se traducirá esto en los roles que jugará cada uno en el proyecto?
- ✔ ¿Cómo son nuestros intercambios habitualmente? ¿Cómo reacciona la otra persona cuando nuestros puntos de vista no son coincidentes? ¿Hay lugar para procesar las diferencias y llegar a acuerdos?

Fuente: elaboración propia.

En el diálogo con algunos emprendedores surgieron además las siguientes preguntas: ¿Cómo debe ser la otra persona? ¿Es conveniente que tenga la misma personalidad que yo? Es interesante destacar que estos interrogantes, referidos al perfil de personalidad, acabaron derivando en reflexiones acerca de la conducta deseada de un socio para que las relaciones sean armónicas y efectivas, cuestiones que se comentan en los próximos apartados.

¿Cómo lograr un equipo efectivo?

Al inicio, muchos emprendedores cuentan con expectativas poco explícitas acerca del desempeño del rol que esperan por parte de sus socios, así como también de su propio comportamiento en el marco de la relación. Existe un plano de expectativas funcionales y otro relacional. Sobre la base de esas expectativas, la conducta concreta de las partes va reforzando o debilitando el compromiso que existía en el punto de partida. En otras palabras, existe un "contrato psicológico" entre los socios que se va regulando, precisamente, sobre la base del grado de cumplimiento de tales expectativas en la realidad.

En el plano relacional, los emprendedores coinciden en que es fundamental manejarse con pautas básicas de conducta que reafirmen los principios de transparencia y honestidad, reciprocidad, lealtad y coherencia entre los dichos y los hechos. También señalan que en las situaciones en las que existen desentendimientos es aconsejable asumir el supuesto según el cual el otro obra persiguiendo el bien común y la buena fe. Las diferencias se plantean sobre la mesa.

Otros aspectos destacados se refieren a la capacidad de ser empático, es decir, de ponerse en el lugar del otro, de aceptar que en algo siempre habrá que ceder e incorporar los puntos de vista ajenos y, especialmente importante, la habilidad de lograr que todo esto sea percibido del otro lado. Empatía y flexibilidad son dos palabras clave dentro del ABC del buen socio.

PRÁCTICAS PARA CONSTRUIR UN EQUIPO EMPRENDEDOR EFECTIVO

- ✓ **El *feeling* entre los socios es clave.** En una relación de largo plazo, la compatibilidad en la forma de tomar las decisiones y el respeto mutuo por los conocimientos y aportes que cada cual realiza son fundamentales.
- ✓ **No limitar la búsqueda de un socio a la familia y los amigos.** Muchas veces se prioriza la confianza y el afecto, pero el equipo emprendedor no queda bien equilibrado en cuanto a conocimientos, sinergia y apertura de contactos para el negocio.
- ✓ **Buscar personas que tengan motivaciones y expectativas similares a las nuestras.** Esto garantiza evitar conflictos por visiones divergentes del negocio, por diferencias en el esfuerzo que están dispuestos a volcar en el emprendimiento.
- ✓ **Generar pautas básicas de trabajo y valores compartidos.** Armar un código básico de convivencia que explicite qué se espera de cada socio puede ser valioso. Todo lo que quede implícito puede dar lugar a malos entendidos y desmotivar al equipo.
- ✓ **Asignar funciones en el área de *expertise* de cada socio.** La división de tareas y de roles es clave. En los comienzos, es importante dar autoridad a cada socio en su área de trabajo.
- ✓ **Ser flexible y saber ponerse en el lugar del otro.** Facilita la resolución de los conflictos y destraba el escenario para avanzar sobre la mejora del proyecto empresarial.

Fuente: elaboración propia.

A nivel funcional, los emprendedores destacaron la importancia de que haya un equilibrio de capacidades y perfiles complementarios. La riqueza proviene de la capacidad de realizar aportes diferenciados y de lograr equilibrios básicos entre los socios.

Sobre la base de una plataforma de afecto societario, visión compartida, respeto y reconocimiento del aporte de los socios en cada tema, respectivamente, es muy común, cuando hay más de dos emprendedores, que uno de ellos desempeñe un rol predominante a la hora de marcar el rumbo estratégico. Pero aun al inicio, cuando todos están muy involucrados en todo, es posible observar cierto grado de división de roles entre los socios. Cuanto más consiga expresar esta organización básica las capacidades diferenciales de unos y otros, más efectivo será el funcionamiento de la sociedad.

Un caso particular es el de los emprendedores que trabajaron en grandes empresas. Ellos suelen tener en sus cabezas un modelo de organización más estructurado desde el inicio. Por lo tanto, intentan definir las áreas funcionales desde temprano, aun cuando cada una de ellas sea ocupada por un socio y algún colaborador. Pero además, el mismo crecimiento va generando presiones para profundizar el esquema de división de funciones entre los socios.

En este tránsito, los emprendedores van transformando su propia mentalidad con respecto a cómo manejar la empresa. No solo van profundizando los procesos de especialización funcional, sino que van aumentando los niveles de delegación en los colaboradores. De todas formas, se trata de un proceso que no está exento de contradicciones. El mismo discurso de los emprendedores revela la tensión existente entre mantener el modelo de gestión emprendedora –con sus elevados niveles de intuición y orientación hacia el aprovechamiento máximo de las oportunidades de crecimiento– y la necesidad de lograr un desarrollo más equilibrado entre las distintas áreas de la organización.

Según surge de estas experiencias (ver cuadro), por lo general, el modelo de funcionamiento inicial suele basarse en esquemas de trabajo en los cuales se comparte la información cotidianamente a la vez que se observa cierta división de roles. Con el tiempo, la frecuencia de los espacios comunes tiende a disminuir. Por lo tanto, se organizan reuniones mensuales sobre temas estratégicos y otras más periódicas para compartir información y hacer el seguimiento de la gestión. La construcción de consensos en los temas clave es una práctica especialmente valorada por las empresas jóvenes, más allá de la división funcional existente.

Para ello, en el primer tipo de reuniones suelen participar los socios, aun cuando también es común que se invite a algún colaborador dependiendo del tema que se trate en dicha ocasión. En las de seguimiento de la gestión, es más frecuente la presencia de responsables de áreas que no son socios. Pero no existe un modelo único ni rígido, dado que los niveles de delegación son variables al igual que el grado de amplitud del equipo emprendedor, lo que hace que muchas veces sean los mismos socios quienes deben cubrir las diferentes funciones gerenciales.

LA DIVISIÓN DE ROLES Y FUNCIONES

En BioScience siempre existió una clara división de tareas. Uno de los socios, Claudio Bedoya, se ocupa de la gestión comercial y de la visión estratégica mientras que Antonio Musumeci se encarga del desarrollo de productos, lo que incluye también la producción y el manejo de los proveedores. El background de cada uno determinó, naturalmente, las bases para la división de roles y responsabilidades.

En la firma costarricense Manejo Profesional de Desechos, dedicada a la recolección y tratamiento de residuos hospitalarios biocontaminados, Adrián Castro (33) se ocupó desde temprano de desarrollar las áreas comercial, financiera y de distribución usando sus estudios en administración de empresas y dejando las áreas netamente técnicas para su socio, el micro-biólogo Jorge Akerman. Actualmente ocupa la gerencia general de la compañía.

Algo similar ocurre en Three Melons, en donde el socio principal, Mariano González Batán, desarrolló el modelo de negocios y luego se hizo cargo de la dirección general, del área comercial y de la administración financiera, mientras que Patricio, Pablo, Augusto y Nicolás –con perfiles más técnicos– son los responsables de la inteligencia de producto, del área de desarrollo y del estudio ("la fábrica de videojuegos").

Este esquema se repite en MaqTec. Al decir de uno de los socios, si bien todos comparten una plataforma básica de información general sobre la empresa, después de las reuniones cada uno lleva su propia agenda funcional. José se encarga del desarrollo de negocios, en tanto que Carlos se aboca a los temas de desarrollo de productos y producción, y Martín a la administración de la empresa.

Pero en algunos casos, el perfil del equipo emprendedor obliga a los socios a recurrir al mercado profesional dado que no reúnen todas las capacidades requeridas. En Biocancer, por ejemplo, los socios fundadores provienen del mundo de la investigación académica. Por lo tanto, decidieron contratar a un CEO con experiencia y formación en el mundo de los negocios y dedicarse a lo que saben hacer verdaderamente.

Con frecuencia, la división preliminar de roles se va consolidando con el tiempo. En Body Health, al principio los socios conformaban una suerte de mesa redonda en torno a la cual cada uno aportaba, desde su lugar, al desarrollo del producto y del mercado. Luego, al sumar más gente y productos e incrementarse el volumen de la tarea, los roles que se habían prefigurado en forma embrionaria acabaron por consolidarse. Diego se abocó a la dirección general, teniendo a su cargo la gestión estratégica de la empresa mientras que Fernando se dedicó a la gestión administrativo-financiera, dejando las áreas de investigación y desarrollo y de producción a los otros socios que cuentan con las capacidades apropiadas para desempeñar dichos roles.

Con el tiempo, incluso, en algunas empresas los socios tienden a ampliar y/o rotar sus roles en función de la evolución del emprendimiento y de las necesidades que van surgiendo, lo cual implica no pocos desafíos. En Technisys, por ejemplo, Adrián

Iglesias, de perfil técnico, se hizo cargo del área de servicios desde los inicios. Pero a medida que la empresa fue creciendo debió ocuparse de la gestión de recursos humanos, para lo cual tuvo que desarrollar competencias sobre la base de la misma práctica y mediante la lectura de libros especializados. Su socio Miguel Santos estuvo inicialmente involucrado en I+D pero luego debió volcarse cada vez más al área comercial dado que era una de las pocas personas de la industria que entendía bien el producto como para venderlo, y actualmente está dedicado a la dirección estratégica, ocupando el cargo de CEO. Además, Germán Pugliese, el tercer socio, cuyo background estaba más próximo a finanzas, se fue a liderar el desembarco de la empresa en Estados Unidos, desde donde desempeña el rol de *country manager* en ese país.

Fuente: elaboración propia en base a casos relevados.

Los conflictos

Como es sabido, la relación entre los socios en el marco de la vida empresarial no está exenta de conflictos. En el campo de los emprendedores que conducen empresas tecnológicas de rápido crecimiento, los ritmos e incertidumbres imponen un nivel de tensión importante, de modo que el mejor antídoto es el compromiso con la generación de un buen clima organizacional y la pasión por emprender e innovar. Sin embargo, el conflicto forma parte de la vida de toda organización, por lo tanto, es un tema que no debe ser soslayado.

ALGUNAS FUENTES TÍPICAS DE CONFLICTO

- ✔ La existencia de visiones divergentes acerca del proyecto que inciden a la hora de tomar decisiones y asumir riesgos.
- ✔ La falta de claridad en la división de roles entre socios y la superposición de funciones.
- ✔ El cambio en los intereses personales de algunos socios que al inicio coincidían pero que, con el tiempo, tendieron a distanciarse.

- ✔ La existencia de compromisos no honrados por algunas de la partes.
- ✔ La percepción de que los esfuerzos o apuestas al proyecto son dispares.
- ✔ Conductas incoherentes o que contradicen las expectativas previas.
- ✔ Desilusiones respecto de las capacidades y aportes del socio.
- ✔ La falta de capacidad de escucha y de procesamiento adecuado de las diferencias.

Fuente: elaboración propia.

Cuando los conflictos aparecen, lo mejor es reconocerlos y trabajar para superarlos. Un autodiagnóstico y un espacio de revisión constructiva del vínculo pueden ayudar a sobreponerse a las situaciones conflictivas. Pero a veces, los emprendedores tienden a eludir el tratamiento de estos problemas por temor a que los conduzcan a la disolución de la sociedad. El rol de un profesional que sea capaz de mediar entre las partes y de generar un consenso hacia adelante es clave, pero requiere contar con la buena predisposición, el compromiso y la honestidad de los socios.

A modo preventivo, la experiencia aporta algunas orientaciones muy generales que con frecuencia los emprendedores no cumplen. Por ejemplo, aclarar las expectativas y los roles de cada uno con relación al proyecto y entre los socios, honrar la confianza depositada por el otro, ser coherente en el día a día entre lo que se dice y lo que se hace, saber ponerse en el lugar del otro, ser flexible, guardar el principio de reciprocidad y mantener un espacio periódico de evaluación del funcionamiento de los roles entre los socios y de la convivencia.

Para cerrar este capítulo, se presenta una lista de algunas cuestiones relevantes que pueden ser útiles para diagnosticar fortalezas y debilidades en el equipo emprendedor. Evaluar del 1 al 5 en qué medida se cumplen los siguientes aspectos dentro del equipo emprendedor (socios). Sería importante que cada socio realizara este ejercicio individualmente y luego lo compartiera con el resto.

Autodiagnóstico del equipo emprendedor					
	1	2	3	4	5
¿En qué medida estas afirmaciones reflejan lo que pasa en mi proyecto/empresa?					
Existen antecedentes de trabajo conjunto que permiten armar expectativas respecto de qué cabe esperar de cada socio					
Los antecedentes de cada socio son relevantes para el desarrollo del proyecto o empresa y sus capacidades agregan valor					
Las competencias de los socios son, en buena medida, complementarias					
Los roles de los socios están bien definidos y se ajustan a los perfiles de capacidades y saberes en los que cada uno tiene sus mayores fortalezas					
Al menos uno de los emprendedores revela tener un importante conocimiento del mercado al cual apunta					
El grado de compromiso de los socios con el proyecto es elevado					
Las motivaciones de los socios para emprender son positivas más que el resultado de la falta de opciones laborales					
Las motivaciones de cada uno de los socios son compatibles					
Se nota una importante vocación por el crecimiento entre los socios y existe una visión de empresa compartida					
En el equipo existe un sistema de liderazgo claro y aceptado					
El clima de trabajo entre los socios es agradable					
No se evidencian potenciales áreas de conflicto entre los socios					
Cuando aparecen desacuerdos encuentran la forma de generar consenso					
Existe un alto grado de ajuste entre la plataforma de competencias, calificaciones y actitudes de los socios y el proyecto					

Referencias. 1: Muy bajo; 2: Bajo; 3: Medio; 4: Alto; 5: Muy alto.
Nota: aquellos aspectos evaluados como 1, 2 y 3 constituyen áreas de mejora y/o fortalecimiento. Fuente: elaboración propia.

Preguntas y ejercicios para seguir aprendiendo

Para emprendedores

1. ¿Cuáles fueron los motivos que lo llevaron a crear una empresa en equipo? ¿Por qué no lo hizo en forma individual?
2. Identifique tres razones que lo lleven a pensar que emprender en equipo es una buena decisión y tres que lo lleven a pensar lo contrario.
3. Si ya creó una empresa en equipo, piense tres razones que le permitan confirmar que su decisión fue la correcta y tres dificultades aparejadas a emprender en equipo. ¿Cuáles pesan más?
4. ¿Cómo definió que podía ser socio de esta gente? ¿Qué criterios tuvo en cuenta? ¿Fue una decisión racional o meramente impulsiva?
5. ¿Existe una clara división de roles y responsabilidades dentro del equipo? ¿Existe un claro líder dentro del equipo de socios? ¿Cómo se verificó este proceso de asignación de roles y tareas? ¿Refleja esta división las diferencias personales y de perfiles educativos/laborales de los socios? ¿Se trata de una división fija o ha cambiado a lo largo de la vida de la empresa?
6. ¿Cuál es el espacio de diálogo y trabajo conjunto que tengo con mis socios? ¿Se trata de un espacio formalmente establecido en la agenda del equipo o surge según la necesidad de tomar alguna decisión? ¿Cómo ha ido evolucionando la importancia de este espacio a lo largo del tiempo?
7. ¿Cómo se resuelven los conflictos hacia el interior del equipo? ¿Se ha recurrido (o pensado recurrir) a asesoría externa para mejorar el trabajo en equipo entre los socios? ¿Qué resultados se han obtenido?

Para docentes e investigadores

1. ¿Cuáles son las características que hacen que un equipo emprendedor sea efectivo? ¿En qué medida la heterogeneidad en el perfil de los miembros del equipo emprendedor influye sobre su efectividad? ¿En qué medida ello puede impactar sobre el desempeño de la empresa?

2. ¿Cuáles son los principales ámbitos en los cuales los emprendedores pueden buscar potenciales socios? ¿Qué lecciones se pueden extraer de ello para el diseño de actividades de formación de emprendedores?

3. ¿Cuáles son los principales determinantes del proceso de entrada y salida de miembros en el equipo emprendedor? ¿Qué impacto tienen estos procesos sobre el funcionamiento y efectividad de los equipos emprendedores?

4. ¿Cuáles son los principales desafíos y fuentes de errores potenciales en el proceso de selección de socios y de construcción de equipos emprendedores? ¿Qué lecciones se pueden extraer para el diseño de actividades de formación de emprendedores?

5. ¿Qué preguntas de investigación se le ocurren a la luz de los contenidos del capítulo?

Para responsables de programas y profesionales de apoyo

1. ¿En qué medida el diseño e implementación de los instrumentos de política orientados a fomentar la creación y desarrollo debería dar prioridad a los proyectos liderados por equipos emprendedores?

2. Basado en su experiencia, ¿qué importancia suele otorgarse a la construcción y funcionamiento del equipo emprendedor dentro de los programas de formación y asistencia a nuevas empresas? ¿Conoce experiencias en este campo? ¿Qué lecciones puede extraer de ellas?

3. ¿En qué medida los programas de tutorías y/o mentorías incluyen explícitamente objetivos de trabajo referidos a desarrollar el equipo emprendedor? ¿Debería ser este un tema predefinido en las agendas de trabajo con los emprendedores o solo ser atendido en caso de que surjan deficiencias o problemas puntuales relacionados con el equipo?

CAPÍTULO 3

GESTACIÓN Y DESARROLLO
DEL PROYECTO EMPRESARIAL INNOVADOR

- *¿Cuáles son las fuentes de información clave para identificar una idea de negocio innovadora?*
- *¿Cómo desarrollar el proyecto emprendedor?*
- *¿Cuáles son las fuentes de conocimiento sobre el mercado y los clientes?*
- *¿Cuáles son las fuentes de información para validar el producto o servicio desde su desarrollo técnico y su potencial escalabilidad?*
- *¿Cómo desarrollar productos y servicios?*
- *¿Cómo proteger los resultados de la innovación?*

La identificación de una idea innovadora es un hito central en la etapa de gestación del emprendimiento. Entender cómo ocurre el hecho creativo es una de las cuestiones más apasionantes del proceso emprendedor. Pero sabemos que una idea es tan solo la semilla y que no alcanza con identificarla. Cotidianamente, es frecuente encontrar ideas que imaginamos como posibles buenos negocios y que, sin embargo, se ven frustradas. El proceso de emprender implica llevar adelante una multiplicidad de actividades que suponen un fuerte compromiso y la decisión de invertir tiempos y esfuerzos en el emprendimiento.

Identificar las oportunidades es un desafío clave tanto para que la empresa innovadora nazca como para que se mantenga vigente. Por lo tanto, un ingrediente fundamental es la actitud de estar alerta para poder captar el conjunto de informaciones necesarias que puedan conducir a la construcción de la idea fundacional y a la conceptualización del negocio. Este proceso incluye, además, la evaluación de la viabilidad técnica del producto/servicio y prosigue con el desarrollo del prototipo y su producción, primero a nivel piloto y luego a escala.

No se trata de un proceso lineal. Por el contrario, los emprendedores avanzan en paralelo sobre varias de estas cuestiones y, no pocas veces, cuando se encuentran con obstáculos, retroceden o redefinen el camino hasta lograr su propósito. Gracias a su fuerte propensión a la acción, a su sentido de oportunidad y a su tozudez, consiguen sobreponerse a las adversidades con las que se van encontrando a medida que avanzan.

Fuentes de información y conocimientos clave

En primer lugar, cabe señalar que la identificación de la idea de negocio no es algo que ocurra en un instante. Posiblemente tengamos esa sensación debido a que, en muchos casos, es así como aparece en nuestras mentes. Es el famoso momento "¡Eureka!". Sin embargo, ahí se cristaliza un proceso complejo que comenzó tiempo atrás y que implica haber percibido y vivenciado cosas con anterioridad. En algún momento, esos fragmentos de la realidad se van combinando como piezas de un rompecabezas hasta que hacen combustión y logran emerger del caótico mundo de lo latente hacia el más estructurado, aunque imperfecto, espacio de lo manifiesto.

Entender esto es fundamental para estar con las antenas encendidas, no solo a nivel mental sino también con el resto de los sentidos. No hay que pensar que el cerebro funciona solamente cuando estamos concentrados en un tema. Circular, andar, conversar con otros es parte del ejercicio de abrir la mente y oxigenar el proceso de captación de información para la concepción del emprendimiento.

Es sabido que lo que lleva a los emprendedores a pensar que están frente a una oportunidad de negocios es su percepción de que existe cierto problema o necesidad manifiesta o latente en la sociedad que no ha logrado resolver la oferta actual de productos y/o servicios. O, al menos, que esa respuesta no es satisfactoria en una o más de sus dimensiones clave, tales como por ejemplo la prestación, funcionalidad, accesibilidad, precio, entre otros atributos. No es superfluo agregar, sobre todo cuando del otro lado hay emprendedores tecnológicos, que debe haber poder de compra disponible y dispuesto a pagar para adquirir una respuesta novedosa para esa necesidad. De lo contrario, no tendrá mercado, y si no hay mercado no habrá innovación empresarial. Muchas veces, la brillantez de una idea desde un punto de vista tecnológico tiende a nublar la mirada sobre su viabilidad comercial.

Ahora bien, ¿de dónde obtienen los emprendedores la información que les permite identificar una idea de negocio?

Carlos, uno de los fundadores de MaqTec, comenzó a construir su idea de negocio cuando visitó las plantaciones de olivos de un cliente de su empresa anterior y le formuló una pregunta inocente: ¿cómo iban a cosechar las aceitunas cuando llegara el momento? De esa forma pudo detectar que la tecnología existente no se adaptaba al perfil de grandes extensiones que caracteriza a las plantaciones en San Juan, provincia argentina, dado que hasta ese momento el modelo de producción predominante en el mundo –salvo excepciones– era el de la pequeña y mediana explotación. Por lo tanto, la cosecha era muy intensiva en mano de obra. Confirmar con los productores que se trataba de un problema no resuelto lo llevó a pensar en una solución tecnológica que acabó transformándose en una empresa innovadora a nivel internacional. El ámbito laboral fue entonces el que le permitió identificar una necesidad específica en el mercado local que dio lugar a la idea de negocio.

En el caso de Body Health, Fernando, uno de los fundadores, se encontraba dando apoyo profesional a la gestión financiera del centro de estética de su prima cuando se encontró con el dato de la compra de un equipamiento francés cuyo precio era exorbitante, algo que le llamó la atención. Al cabo de unas semanas, el equipo se rompió y todos en el centro de estética se alteraron. Si bien sus conocimientos técnicos en la materia no eran elevados, la sorpresa inicial acerca de su precio se transformó en la hipótesis fundacional del negocio. ¿Existía la oportunidad de producirlo en el país con un menor precio? En sus propias palabras: "el equipo no podía valer lo mismo que un BMW". Dado que venía conversando desde tiempo atrás con Diego acerca del deseo de emprender, le comentó la situación y ambos comenzaron un proceso de exploración para validar la idea a nivel comercial y técnico.

La oportunidad de negocios que posibilitó la creación de Barrick S.A. surgió a partir de la experiencia desarrollada por Byron, su socio fundador, durante su desempeño como Gerente Tecnológico de la empresa Bismark S.A. Allí accedió a la información de mercado y el conocimiento necesario para desarrollar un hardware de optimización de redes de la industria financiera que no se producía en Ecuador.

En un viaje de trabajo a Japón, Salvador, quien en aquel entonces era ingeniero de comunicaciones de la empresa Pecom Nec, tomó contacto con un producto inexistente en el mercado local: un derivador automático de llamadas telefónicas. La plataforma tecnológica existente en el país era distinta (analógica), y por ello los niveles de falla de los equipos importados eran muy elevados. Así surgió la idea de desarrollar un producto que se adaptara a las condiciones locales, dando lugar a la idea fundacional de CYT Telemática y Comunicaciones.

En el caso de la empresa Therapia IV la oportunidad la identificó Gabriela Vicencio, una de las cuatro fundadoras, mientras trabajaba en el Hospital Juan de Dios, unos 15 años antes de fundar el emprendimiento. En este hospital, se estaba creando un área nueva destinada a la preparación de soluciones parenterales para hospitales y clínicas.[10] Sin embargo, Gabriela estimaba que, en un futuro, esta actividad debía externalizarse, debido a los altos riesgos de contaminación que implicaba la preparación de estas soluciones.

Mario Zito, fundador de Analyte, trabajaba en el área de sistemas de una firma petrolera cuando detectó que la gestión de calidad tenía procesos manuales que podían automatizarse mediante el desarrollo de un software. Al tiempo, se percató que si una empresa tan importante tenía ese problema, seguramente habría muchas otras que podrían tener esa misma necesidad. El germen de la idea del negocio había nacido. Otro tanto ocurrió en el caso de BioScience, cuya idea de producir equipos médicos para diagnóstico se le ocurrió a uno de los socios mientras era gerente de una empresa que tenía de cliente a un instituto médico que no encontraba el producto que necesitaba en el mercado argentino.

En el caso de Acruxsoft, una empresa uruguaya que desarrolló un software para barcos pesqueros aplicado al diseño de redes de pesca de arrastre y a la planificación de su despliegue, Frank Chalkling, su fundador, era capitán de barcos pesqueros. A lo largo de sus viajes en altamar, comenzó a darse cuenta que el trabajo de las redes de arrastre podía ser optimizado mediante un software que permitiese abarcar una mayor superficie de agua y así captar más peces a iguales niveles de gasto operativo. Este fue el comienzo de Acruxsoft.

Los ejemplos anteriores ilustran la importancia del ámbito laboral para el proceso de identificación de la idea de negocio. El mundo de las empresas aporta experiencias muy relevantes para quienes emprenden. Pero también hay casos en los que distintas fuentes de información aparecen

---

[10] Trabaja en forma similar a una farmacia que tiene un recetario magistral pero, en este caso, se desarrollan magistrales que deben ser distribuidos a hospitales y clínicas dentro de las 24 horas luego de su preparación (para nutrición endovenosa y quimioterapias).

en forma más combinada y la idea final aparece como parte de un recorrido más largo y menos lineal.

Por ejemplo, los fundadores de Core Technology Security venían probando, desde adolescentes, la seguridad informática de los programas existentes como parte de un hobby que continuaron practicando durante varios años. Varios de ellos crearon una empresa de seguridad informática luego de pasar por una experiencia de trabajo en la Agencia Federal de Ingresos Públicos. La venta de una empresa canadiense para la cual habían trabajado como subcontratistas les permitió reconocer que la oportunidad real era desarrollar productos en lugar de brindar servicios. El cálculo era muy simple. Bastaba con darse cuenta de lo enorme que era la brecha entre el valor de venta de dicha firma y el de las horas hombre que ellos le habían facturado por desarrollar lo que equivalía a algo menos de la mitad de su producto.

En el caso de Delta Biotech, la tesis de maestría en biotecnología de Germán dio pie a nuevas investigaciones para desarrollar alimentos funcionales con baja producción de colesterol. Sin embargo, llevar adelante ese proyecto suponía invertir una masa de recursos que requería contar con el aporte de capitalistas de riesgo. Si bien realizó algunos viajes al exterior para conseguirlos, pudo comprobar que no existía disposición para invertir en una empresa localizada en Argentina que, en diciembre de 2001, estaba en plena crisis. Sin embargo, en el marco de ese viaje pudo escuchar la sugerencia de buscar una idea menos ambiciosa pero más factible. Así fue que se le ocurrió dedicarse a desarrollar y producir un ingrediente para fabricar los alimentos funcionales en los que había pensado originalmente. Para confirmar la idea fue clave buscar información sobre qué principios ya se estaban haciendo a nivel regional, qué huecos de mercado había y cuán factible era realizarlos localmente.

Otro ejemplo interesante es el de Artinsoft, una empresa costarricense cuyo producto principal es un conjunto de herramientas de programación que, basadas en el uso de inteligencia artificial, permite a las compañías convertir sus softwares actuales en lenguajes computacionales más actualizados y flexibles, permitiendo un importante ahorro de costos. Artinsoft nace en el Instituto Tecnológico de Costa Rica cuando un profesor, doctorado en inteligencia artificial, alentó a sus tres mejores estudiantes de la Maestría en Ciencias de la Computación a desarrollar tecnología de migración rápida, segura y eficiente. Este camino iba a incluir como primer hito la fundación de una empresa de servicios que proveería los recursos necesarios para realizar la I+D necesaria para desarrollar el software de migración.

Sin embargo, en todos estos casos, las definiciones iniciales debieron ser confirmadas y refinadas a través de la interacción con los actores del mercado, dando lugar, de esta forma, a la idea de negocio en la cual se terminó basando el desarrollo de la nueva empresa. En la producción de servicios, esta interacción con el cliente es inclusive más inmediata. En este sentido, los socios de Sicom Ingeniería S.A. comenzaron a trabajar sin tener una idea totalmente clara de lo que iban a desarrollar. Durante meses, trabajaron en distintos proyectos como, por ejemplo, el uso de Internet en la medicina, dado que uno de los socios es médico neurocirujano. Luego de cuatro meses de evaluar varias ideas y trabajar en distintos desarrollos, fueron contactados por el Centro Deportivo de Llacolén, Chile, para desarrollar un tablero electrónico de básquetbol. En buena medida, el primer producto fue definido por la demanda de este cliente. En el caso de Three Melons, la decisión de introducirse en el mercado de los *advergames*[11] la tomó su fundador –titular de una empresa de software– mientras asistía a una conferencia sobre videojue-

---

[11] *Advergames* se denomina a aquellos juegos generados por empresas para efectuar acciones de promoción y publicidad entre sus usuarios. Su desarrollo es pagado por la empresa, y generalmente es de uso gratuito para los usuarios.

gos en EE.UU. Pero una vez tomada esta, las ideas más específicas fueron generadas en función de las demandas concretas de los mismos clientes que los comenzaron a contratar. El resto fue creatividad pura e inspiración en experiencias previas, tanto de la empresa cliente como del mercado.

En resumen, el ámbito laboral y el mundo empresarial son una fuente fundamental para detectar ideas de negocio innovadoras aunque el proceso creativo se nutra de insumos de distinto tipo. Una plataforma de conocimiento técnico suele estar presente y es fundamental para activar el proceso perceptivo. Las redes de contacto también juegan un rol clave en este juego, dado que son los puentes a través de los cuales circula una parte relevante de la información que los emprendedores terminan de conectar a la hora de dar vida a su idea de negocio. Además de estas fuentes inspiradoras, los emprendedores pueden apoyarse en otras herramientas que fomentan la creatividad y la innovación. Generalmente revisten mayor utilidad a medida que el territorio de la idea de negocio se encuentra más delimitado. Destacamos algunas de ellas en el siguiente cuadro.

**ALGUNAS HERRAMIENTAS PARA FOMENTAR LA CREATIVIDAD
E INNOVACIÓN**

- ✔ Internet.
- ✔ Publicaciones especializadas.
- ✔ Entrevistas y encuestas con usuarios expertos.
- ✔ Comparación o exploración de otros productos o servicios.
- ✔ Tormenta de ideas.
- ✔ Soluciones análogas en otras industrias o productos.

Desarrollo y puesta en marcha

Hasta aquí nos hemos enfocado en entender cómo los emprendedores identifican sus ideas de negocio innovadoras. Pero esto no es todo. Es hora de revisar cómo pasan de la idea al desarrollo y puesta en marcha del proyecto de empresa, algo que es mucho más amplio e implica la necesidad de validar la idea a nivel técnico y comercial. Una vez que lo han logrado, se requiere desarrollar la concepción de la empresa, sus bases organizacionales y pasar a su implementación para ingresar al mercado.

La experiencia de los emprendedores presenta algunas diferencias importantes con respecto a lo que prescriben los manuales. Por lo general, sobre la base de algunos cálculos básicos que les confirman el atractivo comercial de la idea innovadora y de cierta información que les ayuda a perfilar a los clientes, los emprendedores se lanzan a desarrollar el producto. Suele haber menos evaluación y más acción de lo que indican los libros de texto. O mejor dicho, la evaluación se da en el marco de un proceso de aproximaciones sucesivas. Sin embargo, también están quienes, quizá por su formación, elaboran un plan de negocios más completo antes de quemar las naves. En cualquier caso, realizar la validación del proyecto, tanto en términos comerciales como técnicos, es fundamental y se trata de una actividad que requiere estar en contacto con el mercado.

Investigando el mercado

En ausencia de recursos para realizar investigaciones de mercado como las que contratan las grandes empresas, los emprendedores suelen valerse de otras fuentes para conocer y definir el mercado al cual se van a orientar. Las redes, Internet y los eventos son fuentes clave en esta instancia de la vida de la empresa.

> *En un inicio, no asistíamos a las conferencias de la industria, sino que le dábamos más importancia a los congresos donde se hablaba de los últimos desarrollos en tecnología. Sin embargo, nos dimos cuenta de que teníamos*

que hablar el lenguaje de nuestros clientes, enterarnos de cuáles eran sus principales problemas, y para eso es fundamental asistir a las conferencias de la industria. Geraldine, fundadora de Diagnotec.

Cuando ya tienen algún contacto inicial con potenciales clientes, muchas veces interesados en el desarrollo de la nueva empresa, la obtención de información a través de la interacción con ellos es vital. Un ejemplo claro, en el caso de BioScience, es el de una médica conocida de uno de los socios que trabajaba en el Instituto FLENI o, en el de MaqTec, el de las empresas productoras de aceitunas.

Empezamos a estudiar el mercado para ver si realmente existía. Nada muy científico desde el punto de vista de marketing. Hay que reconocer que en ese momento teníamos una gran limitación: las dos personas éramos de campos científicos diferentes y no conocíamos nada de administración, marketing, finanzas, solo sabíamos de metrología. Entonces lo que sí teníamos era contacto con clientes del laboratorio donde trabajábamos, una empresa privada, personas a las cuales uno podía consultar, por ejemplo, qué le parecían los tiempos de respuesta que le ofrecía el Estado, qué le parecía el servicio, etc. Entonces muchos clientes nos fueron motivando, al decirnos que sí necesitaban un servicio diferente. Edgar, fundador de SCM Metrología.

Es importante estar abiertos a recibir consejos y sugerencias y evitar enamorarse de la idea en su estado puro, ya que sin validación del mercado, no podrá ser llevada a cabo.

Otra fuente de información clave es Internet. En el caso de Body Health, la web sirvió para realizar una búsqueda que les permitió saber quién es quién en el mercado internacional de los equipamientos para estética femenina. Concretamente, lo que hicieron fue explorar en Internet distintas fuentes que los ayudaban a validar la importancia de los distribuidores en cada país. Esta indagación fue muy importante para definir su posicionamiento. Pero además, lo que en su momento se utilizó para la investigación de mercado inicial, luego se transformó en una práctica permanente para la apertura de nuevas plazas y para identificar las variables clave a tener en cuenta a la hora de definir en qué segmento convenía posicionarse.

Otro tanto ocurre con los socios de Movix, empresa chilena dedicada a los ringtones para telefonía móvil, quienes reconocen que el uso de Internet fue la pieza fundamental para investigar el mercado en los inicios, principalmente en lo que refiere a potenciales clientes y competidores.

La investigación de tendencias es una fuente relevante. Sergio López, fundador de Intellisoft, cuenta que invierte entre una y dos horas diarias a la lectura de materiales sobre informática. Por ejemplo, está suscripto a siete boletines electrónicos y participa como mínimo en cuatro blogs semanalmente. Algo similar a lo observado en Wetland, empresa chilena especializada en plantas de tratamiento de aguas. Los ingenieros Edmundo Ganter (54) y Matías Errazuriz (32), sus fundadores, dedican al menos una hora diaria a estudiar las últimas innovaciones y se actualizan permanentemente a través de Internet y de la lectura de revistas científicas.

En el caso de Delta Biotech la información sobre qué productos existían a nivel regional, qué huecos había y cuán factible era realizarlos localmente provino de Internet y también de las redes de contacto con el ambiente académico, a través del famoso boca a boca. Internet también fue relevante para Three Melons cuyos fundadores investigaron por esa vía qué tipo de empresas de videojuegos existían en el mercado internacional, y cuáles eran sus potenciales clientes. Estudiaron videojuegos y captaron información acerca de las tendencias de mercado. En este caso, las conferencias y las giras al exterior fueron también muy importantes para conocer estas tendencias. Dado que se trata de un sector muy joven, la información circula muchas veces por canales que combinan la formalidad de las exposiciones con la informalidad de las redes. El contacto con las personas de ese universo emprendedor se convirtió posteriormente en una fuente permanente de inteligencia de producto y comercial.

Los ejemplos anteriores ofrecen pistas acerca de las fuentes utilizadas por los emprendedores para explorar el mercado. En paralelo, estos buscan entender qué requerimientos y prestaciones debía reunir el producto, bajo qué condiciones ambiente debería funcionar, cuál era la robustez técnica demandada, entre otras cuestiones. El grado de perfección y detallismo que se plantearon como meta antes de salir al mercado varía, especialmente entre los emprendedores más orientados a lo técnico y aquellos que buscaron más rápidamente lanzarse al mercado.

Por último, una cuestión fundamental es poder dimensionar, aunque sea aproximadamente, el tamaño del mercado al cual se está apuntando. Por una parte, porque la escalabilidad de la empresa depende en buena medida de cuán grande sea el mercado potencial. Pero además, para poder comunicar el proyecto a los colaboradores, proveedores, aliados, inversores e instituciones, todos ellos actores clave para brindar apoyo a la nueva empresa.

Dimensionar y comprender los mercados en la práctica investigando la industria a través de los líderes globales

Uno de los problemas típicos al que se enfrentan los emprendedores en América Latina es la ausencia de datos precisos a nivel industrial sobre su evolución y comportamiento en el pasado. La información de fuentes oficiales y de estudios, aun cuando pueda revelar datos importantes para las empresas, generalmente no es suficiente para comprender la dinámica de los mercados.

Sin embargo, cuando se intenta ingresar a industrias basadas en tecnología orientadas a mercados globales, las principales empresas de esas industrias operan en los países desarrollados. Entonces, no basta con conocer la actualidad del mercado local, sino que es relevante entender la dinámica en los principales mercados del mundo. Lo alentador es que allí existen algunas herramientas muy potentes para acceder a información de mercados.

Una manera interesante de empezar esta tarea es a través de la información que están obligadas a brindar de manera pública las empresas –locales y extranjeras– a la Securities and Exchange Commission (SEC), organismo del gobierno de los Estados Unidos encargado de administrar esta información que se encuentra disponible en su sitio web a través del sistema EDGAR.[12] Si uno aprovecha esta fuente puede interiorizarse en el comportamiento y tendencias esperadas del sector como pista para acercarse a la dinámica de ese mercado. Entender qué están haciendo y analizando hacer en el futuro los líderes es muy relevante. También puede ser útil, a la hora de hacer alianzas estratégicas, contactar con potenciales clientes o seleccionar distribuidores, conocer la información de estas empresas para entender en profundidad quién está del otro lado. En definitiva, analizar esta información puede ser clave antes de entablar cualquier vínculo con las empresas.[13]

Fuente: elaboración propia en base a referencias de Lisandro Bril (CEO de Holdinvest) y Securities and Exchange Commission.

Buscando la solución técnica: entre el laboratorio y el mercado

En el plano productivo, el desafío consiste en confirmar que existe una solución técnica para el problema a resolver y que es posible desarrollarla en la escala requerida. Lograr

---

[12] http://www.sec.gov/edgar/searchedgar/companysearch.html. Una vez ingresado el nombre de la empresa, hacer click en el código correspondiente y seleccionar la documentación denominada Form 10-K.

[13] Es importante destacar además que algunos inversores utilizan esta información para evaluar los riesgos de invertir en determinados *start up*. Con la información disponible pueden analizar la composición de los equipos emprendedores, el modelo de negocio, las perspectivas de la industria y las estrategias desarrolladas por las empresas líderes para compararlas con la propuesta de las nuevas empresas. Se profundiza sobre cómo aumentar las chances de recibir inversión en el Capítulo 8.

el prototipo o el demo, en algunos casos, es una instancia crítica y suele implicar procesos que llevan desde un par de meses hasta varios años. Aquí el tamaño del desafío varía en función del grado de innovación que involucra el producto o servicio, dado que a veces se parte de referentes claros respecto de los cuales se busca diferenciarse mientras que, en otros, directamente no existen antecedentes en el mercado. En cualquier caso, el conocimiento técnico con el que cuentan los emprendedores es clave. Por eso, una vez identificada la idea, algunos deciden convocar a otras personas con más conocimiento técnico para integrarse al equipo fundador, algo ya visto en el primer capítulo.

En esta instancia, a medida que van obteniendo evidencias acerca de la factibilidad comercial, suelen lanzarse al proceso de desarrollo. Por lo general, es una fase donde hay mucho de prueba y error. Aquí es fundamental lograr un adecuado equilibrio entre laboratorio y mercado.

Lo primero es conceptualizar la funcionalidad del producto, especialmente cuando no existe nada similar en el mercado y es necesario entender los requerimientos de ingeniería que plantea su producción. En el caso de MaqTec, por ejemplo, los emprendedores buscaron analogías con otros bienes que, si bien tenían usos muy diferentes al de una cosechadora, podían ser inspiradores en algunos aspectos. También realizaron ingeniería reversa de partes de equipos que pudieran ayudar a encontrar la ruta. La aplicación del conocimiento técnico del equipo de trabajo inicial fue la base, pero también se valieron de la interacción con técnicos locales del Instituto Nacional de Tecnología Agropecuaria (INTA) y con un potencial cliente. Por otra parte, lograron un fuerte apoyo de los futuros clientes y de su equipo técnico, quienes aportaron información y facilitaron el terreno real para realizar las pruebas. Encerrados en un ómnibus en medio del campo, lograron generar el prototipo, los planos y luego el producto, con mucho error en el camino, con versiones supuestamente listas que luego fallaban, hasta encontrar la solución.

> *Estábamos en el campo y vino un técnico mecánico gritando: "¡Vi pasar una máquina!". Salimos a perseguirla porque se suponía que tenía algo interesante. El hombre que manejaba se bajó asustado y nos dijo: "–¿Qué necesitan?". Respondimos: "–No, nada, queríamos ver la máquina". Veníamos persiguiéndolo desde cuatro kilómetros atrás. Era una vendimiadora: ya la habíamos visto en fotos, pero nunca la habíamos visto pasar.* Germán, ingeniero de producto de MaqTec.

En el caso de Body Health, el proceso de prueba y error también estuvo muy presente. Los emprendedores utilizaron información que obtuvieron a partir de sus diálogos con el centro de estética donde conocieron el equipo y con médicos a los que accedieron a partir de su red social. Lo primero que buscaban entender era los resultados pretendidos. Asimismo, para definir qué tecnología utilizar ellos realizaron ingeniería reversa y le sumaron ideas de diseño aportadas por uno de los socios. De esta forma, comenzaron a concebir las partes y a buscar proveedores a partir de los contactos de los socios. Así fue como conocieron a un grupo de ingenieros electrónicos que estaba sin trabajo y que crearon su propia empresa para trabajar como proveedores de los desarrollos electrónicos requeridos por Body.[14]

El perfil netamente comercial de los emprendedores los llevó a acelerar el proceso de desarrollo del producto para avanzar sobre el mercado. Por ejemplo, se omitieron algunas pruebas técnicas acerca del funcionamiento del equipo en condiciones de temperaturas extremas y, a la hora de ponerlo en marcha en España, la pintura no resistió.

---

[14] De esta manera, junto con el producto se iba armando el modelo de empresa. A la hora de definir esto último, en parte por la realidad del país y en parte por las lecturas de *management,* el principio era claramente el de flexibilidad. Por lo tanto, la tercerización era asumida como fundamental.

También algunas partes encargadas a proveedores inadecuados trajeron inconvenientes. El resultado fue tener que reponer equipos defectuosos y estudiar el origen del problema, ambos costos a cargo de la empresa. La lección aprendida por los emprendedores en este caso se refiere a la necesidad de no salir al campo de juego hasta que el producto esté suficientemente probado. Eso supone la necesidad de interactuar con un círculo más amplio de contactos calificados, tales como potenciales usuarios y distribuidores y con el Instituto Nacional de Tecnología Industrial (INTI), estudiar mejor las características del ambiente en el cual el equipo deberá operar y contemplarlas en el mismo diseño y en la definición de los materiales.

> Cuando presentamos el equipo en un evento, la imagen era muy buena. Se empezaron a acercar personas al stand, que creo que era el más atractivo de ese lugar. Los comentarios eran: "–¡Qué linda empresa! ¿Ustedes son nuevos? ¿Importan los equipos? –No, son producidos acá. –¡Qué bueno! A ver, ¿pueden ponerlo en funcionamiento?". Lo pusimos en funcionamiento y hacía un ruido tremendo. Pasaron uno, dos, tres, cuatro médicos y se iban espantados por el ruido, y decían: "No, no, gracias". Vino otro médico y nos comentó muchas cosas que necesitábamos cambiar. Así, anotamos una lista de cosas que estaban mal. Después de un año de haber calculado que a la semana íbamos a estar de vacaciones con el dinero que habíamos ganado en la exposición, sacamos la conclusión de que había que seguir invirtiendo y trabajar durante seis meses más. Diego, socio fundador de Body Health.

Distinto fue el caso de MaqTec en donde la orientación técnica de los socios iniciales los llevó a invertir esfuerzos y tiempo para el logro de versiones superadoras que no siempre acabaron justificándose a nivel comercial. Por lo tanto, es preciso evaluar si verdaderamente el afán de mejora agrega valor o si conviene introducir los ajustes una vez que se ha ingresado al mercado.

Los ejemplos anteriores reflejan dos errores típicos de los emprendedores a la hora de definir el momento de salir al mercado. Tanto el apresuramiento como la demora suelen traer costos y riesgos asociados.

Más allá de que se trate de dos situaciones contrapuestas, los casos de Body Health y MaqTec enseñan la necesidad de interactuar con redes y fuentes de información amplias desde fases tempranas. Los clientes potenciales, distribuidores, proveedores calificados, instituciones técnicas, suelen operar como cables a tierra y ayudan a definir a tiempo si el rumbo es el correcto, si no se está omitiendo ningún requerimiento relevante, contribuyendo a definir cuándo el producto está listo para salir al mercado.

Esta enseñanza también puede encontrarse en el caso de Drillco S.A., compañía chilena que diseña y fabrica martillos, brocas y accesorios para la perforación minera y en general. Luego de varios años de desarrollo, un nuevo martillo perforador fue testeado con éxito, lo cual permitió proceder a su comercialización en Estados Unidos gracias a la experiencia y contactos que tenía su fundador en dicho mercado. Sin embargo, al aplicarlo en roca formada por alta presión en Nevada, EE.UU., los martillos colapsaron. Drillco debió trabajar en la resolución de este problema e introdujo varios cambios en el producto antes de tener éxito en el mercado estadounidense. La retroalimentación de los clientes se constituyó en una fuente muy importante para desarrollar nuevos modelos con agilidad.

> *En cualquier empresa que quiera hacer innovación dura, una parte crítica es poder conjugar tecnología y negocio. Porque la verdad es que son dos conceptos bien distintos. Tienen objetivos y tiempos diferentes, que solo convergen cuando está listo el producto. En nuestra experiencia, para innovar se requiere aprender a trabajar con equipos de gente diferente entre sí y hacerlo en armonía. Es como dirigir una orquesta de músicos talentosos donde cada uno tiene su idea de cómo deben hacerse las cosas.*
> Rolando, socio fundador de Drillco.

Otro caso ilustrativo de la necesidad de equilibrar el desarrollo tecnológico y del mercado es el de Sicom

Ingeniería, empresa chilena que se especializa en el diseño de productos de iluminación utilizando tecnología LED (*Light Emitting Diode*). Una vez que lograron desarrollar su primera línea de productos (señales de bajo consumo para semáforos) constataron que, si bien su solución era de gran calidad, resultaba muy cara para el mercado. A varios años de haber iniciado sus operaciones, los resultados comerciales estaban claramente por debajo de las expectativas, motivo por el cual decidieron cambiar su modelo de negocios. De una cadena vertical que incluía desde el diseño hasta la distribución, pasaron a especializarse en el diseño, en tanto que la producción fue subcontratada en Asia y la distribución tercerizada. Esto produjo un quiebre para la empresa, ya que las ventas despegaron y lograron consolidarse en el mercado chileno.

Las lecciones aprendidas sobre la base de las experiencias de los emprendedores indican que no es bueno salir prematuramente al mercado así como tampoco lo es el demorarse demasiado en busca de un perfeccionismo técnico que no siempre el mercado va a recompensar. Uno de los fundadores de Three Melons expresaba esto último con una frase que escuchó en el Silicon Valley: *"Don't worry, be crappy"*.[15]

En general, existe una tensión entre el deseo de salir a contactar potenciales clientes y el grado de preparación del producto y de la empresa para hacerlo. En emprendimientos innovadores, esta tensión es aún más fuerte por el riesgo tecnológico. Además, es frecuente que existan puntos de vista diferentes en el interior del equipo. Los socios con perfil más comercial querrán salir rápidamente a "conquistar el mundo", mientras que lo más probable es que los técnicos busquen demorar ese paso. Lo recomendable en estos casos es discutir abiertamente ventajas y desventajas de salir

---

[15] La frase se le atribuye a Guy Kawasaki, director ejecutivo de *Garage Technology Ventures*, un fondo de capital de riesgo que opera en el Silicon Valley, y columnista de la revista *Entrepreneur Magazine*.

antes o después al mercado. El siguiente recuadro brinda algunas pistas para evaluar la conveniencia.

**PREGUNTAS A TENER EN CUENTA
ANTES DE SALIR AL MERCADO**

✔ ¿Están identificados los clientes potenciales a contactar en esta primera etapa?

✔ Si no hay un producto terminado, ¿se cuenta con una demostración, prototipo o similar del producto a comercializar?

✔ En caso de recibir un pedido, ¿existen condiciones para satisfacerlo o se arriesga la credibilidad?

✔ ¿Se ha desarrollado un mensaje claro y atractivo para el cliente que lo estimule a comprarnos? (necesidades a tener en cuenta, capacidades técnicas y comerciales que hacen a la nueva empresa diferente).

✔ ¿Se ha decidido quién será el responsable/los responsables de llevar adelante el proceso de identificar y contactar clientes?

✔ ¿Se ha avanzado en dirección a tener un valor estimado de costos y precios del producto o servicio como para encarar una negociación exitosa con potenciales clientes?

✔ En aquellos casos en que esto último no es posible por la existencia de procesos de prueba y error, ¿contamos con un cliente asociado con el cual colaborar en esta etapa?

✔ ¿Se han desarrollado algunas acciones básicas de marketing para darle entidad a la empresa como tal, más allá del producto o servicio?

Fuente: elaboración propia en base a casos relevados.

Un temor generalizado entre los emprendedores es salir al mercado sin tener el producto definitivo, dado que ello podría ofrecer una ventana de oportunidad a potenciales competidores que logren explotarla antes que quienes la desarrollaron. Este argumento pone de relieve algo que, aunque obvio, conviene recordar: las ideas de negocio tienen valor solo cuando se las lleva a la práctica. Por lo tanto, más allá de que siempre existe algún riesgo de ser copiado, concretar la idea exige testear la demanda existente. La recompensa de la interacción con potenciales clientes en forma temprana es grande, pues permite hacer mejoras al producto basándose en sus sugerencias.

Otro temor asociado a la realización de contactos en forma precoz es la posibilidad de que del contacto surja una venta, cuando el producto terminado todavía no está listo. Esta es la clase de "problema", deseable en algún punto y no siempre es posible evitarlo.

Cuando el proyecto es muy innovador es posible encarar estas situaciones a través de una negociación con el cliente en torno a una variable clave: el tiempo requerido para el desarrollo del producto. Así ocurrió con Core Security Technologies, al concretarse su primera venta al Bank Boston.[16] Su desarrollo y posterior entrega supuso demoras. De igual modo, el equipo de MaqTec renegoció los plazos de entrega de la primera máquina con la empresa australiana.

> Yo todavía tengo guardada la hoja donde hicimos las proyecciones iniciales de cuánta gente íbamos a necesitar para sacar el producto. Con 400.000 dólares nos alcanzaban. Fuimos implementando cosas, fuimos renegociando otras. Y en lugar de 400.000 dólares, el desarrollo de ese producto costó 4.500.000. En vez de seis meses fueron casi tres años de desarrollo. La verdad es que desarrollamos una relación espectacular con el cliente, una relación personal con toda la gente involucrada. Ellos tenían un problema grave que tenían que resolver y no había ninguna otra cosa que se lo resolviera; esto era también parte de lo que estaba en juego. Entonces, fuimos ayudándolos a resolver algunas cosas para que pudieran sobrevivir a sus auditorías mientras nosotros terminábamos de desarrollar el producto, Emiliano, socio fundador de Core Security Technologies.

En el caso del desarrollo de software, los emprendedores entrevistados refirieron la existencia de metodologías flexibles. Estas deben contribuir a definir cuándo el producto está listo dado que enfatizan la interacción con otros actores del mercado, integrando una cadena de valor con equipos internos altamente interconectados.

---

[16] Actualmente Standard Bank Argentina S.A.

PRÁCTICAS PARA EL DESARROLLO DE PRODUCTOS DE SOFTWARE: *AGILE SOFTWARE DEVELOPMENT* (ASD)

1. Satisfacer al cliente mediante la entrega oportuna y continua de software.
2. Aceptar los requerimientos de cambio, incluso una vez finalizado el desarrollo, lo que permite aprovechar la ventaja competitiva del cliente.[17]
3. Desarrollar software sobre la base de un trabajo constante, que va desde un par de semanas hasta un par de meses, pero priorizando plazos cortos de desarrollo y entrega.
4. Coordinar el área comercial y de desarrollo en forma cotidiana a lo largo del proyecto.
5. Construir proyectos en torno a individuos motivados, propiciando un buen ambiente y brindando el apoyo que necesitan y la confianza en su capacidad para hacer el trabajo.
6. Comunicar cara a cara es el método más eficiente y eficaz de la transmisión de información hacia y dentro de un equipo de desarrollo.
7. El software desarrollado es la principal medida de progreso.
8. Desarrollar procesos ágiles y sustentables en el tiempo.
9. Atender continuamente la excelencia técnica y el buen diseño para mejorar la agilidad.
10. Simplificar es esencial: minimizar la cantidad de trabajo necesario para lograr los objetivos.
11. Impulsar la autoorganización de los equipos para lograr mejores arquitecturas, requisitos y diseños organizativos.
12. Reflexionar en equipo sobre cómo ser más eficaz y ajustar su conducta en consecuencia.

Dentro de Agile Software Development existen diversos métodos que comparten sus principios básicos: Scrum, Crystal Clear, Extreme Programming, Adaptive Software Development, Feature Driven Development, Dynamic Systems Development Method (DSDM), Lean Start up.

Fuente: elaboración propia en base a casos relevados y Nonaka y Takeuchi: "The New New product development game", *Harvard Business Review,* enero/febrero, 1986.

---

[17] En este punto, es importante también tratar de especificar bien los requerimientos de los clientes desde el principio.

Un tercer tipo de error se refiere a la debilidad del proceso de documentación de ciertos desarrollos, algo que, en algunas empresas entrevistadas, llegó a complicar la realización de la postventa o incluso la misma mejora del producto. La enseñanza se refiere entonces a la importancia de contar con la documentación adecuada. En algunos casos, la contratación de personal con experiencia en esta tarea puede evitar dolores de cabeza a los emprendedores. Se trata de un proceso que puede parecer que solo agrega valor en el presente, pero que es muy importante para el futuro.

Con el tiempo, los emprendedores van aprendiendo a evitar este tipo de error, lo que requiere una buena capacidad para realizar balances y obtener conclusiones. Pero además, es necesario tener un alto grado de permeabilidad a las críticas y receptividad a los comentarios y sugerencias de técnicos, especialistas y de potenciales clientes.

Los proyectos que rápidamente se orientan al mercado exportador merecen un párrafo aparte. En estos casos, para que un producto esté listo para ser comercializado suelen requerirse certificaciones de productos y/o procesos de acuerdo con el mercado de destino. Por lo tanto, es recomendable que la apertura de nuevos mercados tenga en cuenta toda la legislación y requisitos de ingreso de los productos al mercado, lo cual es particularmente relevante cuando se trata de equipamiento o productos industriales. Las embajadas y consulados argentinos en el exterior pueden ser un punto de partida para obtener información de regulaciones y requisitos de ingreso.

También puede ser necesario realizar ajustes en las especificaciones de los productos o servicios ofrecidos para adaptarse a los requerimientos del mercado de destino. Además, es necesario generar procesos y documentar sus desarrollos lo antes posible, para evitar demoras o barreras a la hora de acceder a los mercados y también al capital emprendedor.

La variable crítica a tener en cuenta es el tiempo y la inversión que demanda el cumplir con estos requerimientos para evitar complicaciones una vez que se hayan levantado pedidos de clientes.[18]

Comenzando a producir

En los inicios, los emprendedores suelen operar con un modelo de producción altamente flexible y muy basado en la tercerización y el trabajo *free lance*. Cuando consiguen proyectar mejor un flujo de ingresos razonable, comienzan a contratar más gente. Sin embargo, especialmente en el caso de productos manufacturados, los emprendedores enfrentan algunas restricciones para encontrar proveedores adecuados que los atiendan en las escalas limitadas que se requieren. Por lo tanto, es clave saber venderles el proyecto de la nueva empresa para ser visto como un futuro cliente atractivo. Paradójicamente, para poder contar con proveedores a los cuales comprar, primero es necesario saber vender.

Además, esta etapa suele requerir un control de calidad importante por parte de los emprendedores, algo para lo cual muchas veces ellos no están preparados o incluso suficientemente alertas. Cuanto más artesanal y limitada sea la escala, más atentos tendrán que estar a estas cuestiones dado que los niveles de precisión del proceso son menores. Por lo tanto, deberán sopesar adecuadamente los mayores costos de control derivados de la menor estandarización contra los desembolsos en matricería que se requerirían para alcanzar un producto más homogéneo. A medida que se va ganando

---

[18] La duración de estas certificaciones varía según la complejidad del producto, pero según pudo conocerse, un piso mínimo de tiempo a considerar para cumplimentar con sus requisitos son, al menos, dos meses.

escala, comenzarán a acceder a proveedores que les pueden asegurar mayores niveles de calidad.

Con el desarrollo del negocio, las nuevas empresas suelen internalizar algunas partes del proceso de producción que antes eran tercerizadas. Ello ocurre en un marco de idas y venidas a lo largo de las cuales van aprendiendo cuál es el balance conveniente entre las opciones de "hacerlo en casa" antes que contratarlo en el mercado. En ocasiones estas alternativas no existen, ya sea porque no hay proveedores o, por otro lado, porque la empresa carece de las capacidades para producirlo por sí misma.

Con frecuencia, los emprendedores eligen la opción de contar con relaciones de aprovisionamiento privilegiadas y relativamente estables, en especial para aquellas partes del proceso que son más difíciles de reemplazar.

Así, salvo cuando las condiciones de mercado se alteran sustantivamente, los emprendedores suelen manejarse en el marco de redes de negocios en las cuales los vínculos trascienden la simple transacción comercial de corto plazo. Esto es muy importante para las empresas nuevas de baja escala, dado que volver a "usar el mercado" para buscar un nuevo proveedor implica incurrir en costos adicionales. Obtener información e identificar proveedores requiere tiempo, lo mismo que negociar condiciones, monitorear el cumplimiento de lo pactado y, en caso que ello no ocurra, hacerlo valer. Nada de ello es gratuito. Sin embargo, tampoco es aconsejable dejar de explorar opciones de aprovisionamiento ya que se corre el riesgo de quedar encerrado en redes poco competitivas.

En otras palabras, a la hora de iniciar la producción juegan un papel clave las capacidades de gestionar con flexibilidad y de vender el proyecto a los proveedores y a los colaboradores externos. En el caso particular de las empresas que fabrican productos industriales, la implementación de controles de calidad que aseguren la estandarización de los productos es fundamental.

Desde la perspectiva global del desarrollo del proyecto innovador quizá lo que mejor resuma las lecciones obtenidas de la experiencia es la necesidad de ir validando en forma permanente las distintas dimensiones del proyecto empresarial. La interacción permanente de los fundadores –y a medida que la empresa crezca, de los responsables de cada área– con clientes, proveedores, inversores y distintas antenas estratégicas del ecosistema emprendedor es una actividad clave para que los esfuerzos tengan mayor probabilidad de traducirse en una empresa sustentable.

PRÁCTICAS PARA EL DESARROLLO DEL PROYECTO INNOVADOR

- ✔ **Apoyarse en clientes, proveedores e Internet para obtener información.** Utilizar las redes de contactos para adquirir información técnica y comercial que valide la factibilidad de desarrollar el producto o servicio y la existencia de potenciales clientes. La validación debe ser un ejercicio permanente.
- ✔ **Buscar analogías en otras industrias para resolver problemas.** En ocasiones existen productos que resuelven problemas similares en otras industrias. Tomarlos como punto de partida para el desarrollo puede ser provechoso. También lo es hacer ingeniería en reversa.
- ✔ **Desarrollar proveedores para tener flexibilidad productiva.** Generar relaciones de largo plazo con los proveedores es fundamental para sostener el esquema productivo flexible. Cuando la actividad se torne crítica y requiera mayor control, lo ideal es internalizar el proceso.
- ✔ **Interactuar tempranamente con clientes ayuda a mejorar el producto y a un lanzamiento comercial más efectivo.** La posibilidad de incorporar mejoras al producto en la fase de desarrollo es crucial para aumentar el impacto que tendrá la inversión en los ingresos de la empresa. Los potenciales clientes son la fuente de información clave para aumentar las posibilidades de éxito comercial.
- ✔ **No esperar el perfeccionismo técnico para salir al mercado.** En los inicios del emprendimiento, el producto siempre estará "en construcción", pero en algún momento se impone la necesidad de salir al mercado. Los clientes son quienes, en última instancia, le darán el visto bueno al producto.
- ✔ **Partir del conocimiento técnico de los emprendedores y ampliarlo con fuentes de conocimiento específicas.** La resolución técnica del desarrollo del producto demanda interactuar con especialistas que pueden no

81

estar en la red de contactos inicial. Es necesario generar los contactos y salir a buscarlos.

✔ **Considerar las regulaciones en los mercados externos.** Las regulaciones y certificaciones exigidas por los mercados pueden demorar las ventas. Considerar las exigencias en cada país de destino antes de prometer tiempos y plazos de entrega a los clientes es altamente recomendable para no llevarse sorpresas y generar falsas expectativas en la contraparte.

✔ **Viajar.** Conocer y explorar experiencias en otros países puede ayudar a definir modelos de negocios y a entender las capacidades a desarrollar para llevar adelante el proyecto.

Fuente: elaboración propia.

Preguntas y ejercicios para seguir aprendiendo

Para emprendedores

1. ¿Cuáles son los aspectos que hacen que una idea de negocio sea una verdadera oportunidad para crear una empresa? Un test rápido le permitirá tener algunas pistas del potencial de la oportunidad de negocios. Por favor, responda las siguientes preguntas:

AUTODIAGNÓSTICO DE LA OPORTUNIDAD

¿En qué medida estas afirmaciones reflejan mi proyecto/empresa?	1	2	3	4	5
La oportunidad de negocios se basa en la resolución (satisfacción) de un problema (necesidad) crítico o relevante para un conjunto de consumidores					
La importancia del problema o necesidad sobre el cual se basa mi oportunidad de negocio tenderá a intensificarse en el futuro					
Los potenciales clientes se encuentran identificados y ya se tuvieron los primeros contactos (órdenes de compra)					
El tamaño de mercado (cantidad de compradores y poder de compra) está identificado y en crecimiento					
El sector se encuentra fragmentado o se trata de un segmento emergente dentro de un sector ya establecido					
La oportunidad se basa en una innovación (de producto, proceso o modelo de negocio) a nivel internacional					
La oportunidad se basa en una innovación (de producto, proceso o modelo de negocio) a nivel nacional					
La solución propuesta por mi proyecto/empresa se diferencia de la existente en el mercado y así es percibida por los potenciales clientes					

Se dispone de mecanismos efectivos de protección de la innovación que sustenta mi proyecto/empresa				
Los recursos necesarios para explotar la oportunidad de negocios están identificados (valuados) y son accesibles				
Se cuenta con el equipo emprendedor y colaboradores capacitados para llevar adelante el proyecto/empresa				

Referencias. 1: Muy bajo; 2: Bajo; 3: Medio; 4: Alto; 5: Muy alto.
Nota: aquellos aspectos evaluados como 1, 2 y 3 constituyen posibles áreas de mejora y/o fortalecimiento.
Fuente: elaboración propia.

2. Organice una agenda de acciones necesarias para identificar, madurar, perfeccionar y evaluar el atractivo y viabilidad de una idea de negocio.
3. ¿Qué lecciones le quedaron luego de leer las experiencias emprendedoras presentadas en el capítulo con respecto al proceso de desarrollo de la solución técnica y de vinculación con el mercado?
4. ¿Qué factores deben ser tenidos en cuenta para definir el momento correcto para lanzarse al mercado? ¿Qué obstáculos pueden aparecer en el camino? ¿Qué lecciones surgen de las experiencias emprendedoras presentadas en el capítulo?
5. ¿Qué estrategias pueden emplearse para dar a conocer su empresa ante potenciales clientes? ¿Cómo contactarlos para que conozcan su propuesta?

Para docentes e investigadores

1. A la luz de las experiencias presentadas en el capítulo: ¿cuáles suelen ser las principales características del proceso de identificación de oportunidades de negocio innovadoras? ¿Cuáles, las principales acciones que los emprendedores llevan a cabo durante este proceso?

2. Habitualmente se atribuye a la creatividad buena parte de la responsabilidad en el proceso de desarrollo de un proyecto de negocios innovador dinámico. Una vez leído el capítulo, ¿qué debería entenderse por creatividad? ¿Cuáles son los ingredientes principales de lo que usted definiría como creatividad emprendedora? ¿En qué medida los cursos de desarrollo de la creatividad tienen en cuenta estos ingredientes?
3. ¿Cuáles son las principales fuentes de información utilizadas por los emprendedores innovadores dinámicos para detectar y desarrollar sus ideas de negocios? ¿Cómo evalúan la potencialidad de su negocio?
4. ¿En qué medida los emprendedores innovadores dinámicos suelen seguir los pasos recomendados en los manuales para definir su proyecto emprendedor y decidir el momento adecuado para salir al mercado? ¿Qué lecciones se pueden extraer para el diseño de actividades de formación y entrenamiento de emprendedores?
5. Si tuviera que recomendarle a un emprendedor tres precauciones a tener en cuenta antes de salir al mercado ¿qué le diría? ¿Qué criterios debería considerar para definir el momento apropiado?
6. ¿Qué preguntas de investigación se le ocurren a la luz de los contenidos del capítulo?

Para responsables de programas y profesionales de apoyo

1. ¿Conoce programas de apoyo a la creación de empresas innovadoras que ayuden a los emprendedores a vincularse con el mundo empresarial? ¿Por qué ello puede ser relevante a la luz de las experiencias presentadas en el capítulo?
2. ¿Qué aspectos de las experiencias de desarrollo de proyectos innovadores presentadas en el capítulo

deberían ser tenidas en cuenta en los programas de apoyo a emprendedores? Identifique las tres más relevantes.

3. ¿Cuáles son las brechas principales que suelen existir entre los supuestos de comportamiento de los emprendedores en los que se basan los instrumentos y programas de apoyo y la dinámica real del proceso emprendedor que surge de las experiencias presentadas en el capítulo?

CAPÍTULO 4

DESARROLLO COMERCIAL

- *¿Cómo conseguir los primeros clientes?*
- *¿Cómo ganar reputación comercial?*
- *¿Cómo proteger la innovación?*

Diversas investigaciones[19] muestran que conseguir clientes es el principal inconveniente para el 75% de las nuevas empresas y que para una porción importante de ellas este problema persiste a lo largo de sus primeros años de vida empresarial (más del 60%).[20] Comenzar a vender es un desafío muy importante para las empresas innovadoras dado que ellas aún carecen de reputación y confiabilidad. Al no contar con una trayectoria que permita conocer, por ejemplo, su calidad y capacidad para resolver eventuales problemas con el producto o servicio, muchos potenciales clientes tenderán a preferir la "opción segura". Esto también es cierto a nivel global en el caso de las firmas que se orientan rápidamente hacia mercados externos, en donde la competencia es mucho más intensa. Por lo tanto, el primer desafío de las nuevas empresas es superar esta barrera

---

[19] Kantis, H.; Angelelli, P. y Moori-Koenig, V.: op. cit.; Kantis, H. y Drucaroff, S.: *Nuevas empresas y emprendedores de moda en Buenos Aires: ¿hacia un cluster de diseño?*, Universidad Nacional de General Sarmiento y Centro Metropolitano de Diseño, Buenos Aires, 2008.

[20] Íd.

de desconfianza inicial. Además, ser una empresa nueva de un país con perfil poco innovador tampoco ayuda.

El caso es conocido como "síndrome IBM" y alude a la conducta de los gerentes corporativos cuando deben elegir proveedores. Hay dos tipos de errores que pueden cometer. El primero es equivocarse al elegir un nuevo proveedor que aparenta tener una oferta superadora y que luego no cumple lo prometido. El segundo consiste en desechar un nuevo proveedor que hubiera sido más conveniente. Este segundo tipo de error es frecuente debido a que el riesgo de ser detectado es menor. De esta forma, la tarea de los emprendedores se hace más difícil.

Para reducir las posibilidades de que esto ocurra, es clave construir un vínculo de confianza con el cliente potencial. Para ingresar en mercados tecnológicos la confiabilidad –en el producto y en el proveedor– es fundamental y se logra sobre la base de la credibilidad en las capacidades técnicas disponibles para encontrar la solución buscada. Es muy importante proyectar una imagen de alto compromiso, técnico y comercial, para que del otro lado se disipe el temor a las conductas oportunistas y desleales.

Por ejemplo, en el caso de MaqTec, convencer a los productores locales de oliva acerca de la factibilidad de construir una máquina que superara la tecnología disponible para la recolección de aceitunas exigió demostrar capacidad para resolver problemas. Lejos de llevar las soluciones cerradas y listas para su comercialización, los emprendedores debieron construir una relación en la cual el cliente se "asociara" –en términos no monetarios– al desafío. Cuanto más innovador es el producto, mayor suele ser la importancia de generar expectativas claras acerca de la naturaleza del proceso de prueba y error que se requiere hasta lograr la solución buscada.

Esto es aún más relevante en mercados en donde la cantidad de potenciales clientes es acotada y se conocen entre sí, ya que la información sobre la conducta de la nueva empresa suele circular rápidamente. Existe una línea delgada entre la posibilidad de conseguir el primer cliente y la de perderlo por la incapacidad para cumplir con las expectativas.

Muchas veces, además de vender el producto hay que empezar por "vender" la industria en sí, dado que a nivel local, o incluso internacional, puede tratarse de una actividad naciente y no solo de un producto o empresa nuevos. Esto es especialmente cierto cuando se combinan innovaciones de producto con nuevos modelos de negocio. En el caso de Three Melons, por ejemplo, ingresar a la industria de videojuegos aplicados a la publicidad con una propuesta que, además de ser muy nueva, estaba asociada a un modelo de negocio incipiente, requirió "evangelizar" a los primeros clientes sobre la industria y su potencialidad.

Para ello, fue clave armar un paquete comunicacional basado en experiencias de empresas exitosas del exterior mostrando casos, productos, presentaciones visuales que daban cuenta de las nuevas tendencias y de su impacto positivo para el negocio. Para evangelizar clientes, fue muy importante saber comunicar los beneficios de ser la vanguardia de lo global en un mercado emergente. Asimismo, demostraron mediante la presentación de demos sus capacidades para desarrollarlo a nivel local. Lo que antes había servido para autoconvencerse acerca del atractivo que encerraba la oportunidad de negocio existente, también iba a servir para seducir a los potenciales clientes.

Algo similar sucedió con Manejo Profesional de Desechos y con Recycla. En el primer caso, los hospitales y laboratorios costarricenses no tenían conciencia del peligro que representaban los desechos hospitalarios. Por lo tanto, fue necesario desarrollar todo un trabajo de difusión y sensibilización acerca de los riesgos que implicaban estos desechos, de un lado, así como también de los beneficios asociados al hecho de contar con un servicio específico para su recolección y eliminación. Para Recycla Chile, incluso fue difícil comunicar su modelo de negocios basado en el reciclado de desechos electrónicos y materiales no ferrosos, que luego exporta a firmas del exterior.

> *Las empresas no consideraban que debían pagar por nuestro servicio. Incluso actualmente, que estamos consolidados, a veces me llaman y me dicen que quieren vender sus equipos viejos. Y yo les tengo que decir que nosotros somos los que cobramos por eso. Porque si una empresa posee equipos en desuso, tiene que habilitar una bodega, pagar mantención y su negocio no es vender desechos. En general, esa empresa tiene un problema y nosotros se lo resolvemos. Por eso cobramos.* Fernando, socio fundador de Recycla Chile.

Adicionalmente, para las empresas innovadoras es fundamental saber transmitir que la empresa llegó para quedarse, es decir, que tendrá continuidad como proveedor de productos y servicios de posventa cuando sean necesarios. Esto es clave, particularmente en el mundo del software, porque una decisión de compra a un proveedor suele suponer incurrir en un costo hundido, sobre todo cuando se adopta una nueva tecnología. Esto significa que una vez efectuada la primera compra, puede haber costos asociados a la decisión de cambiar de proveedor y/o de solución. Esto, que podría parecer una ventaja para la empresa innovadora, a priori genera mecanismos de resistencia al cambio por parte del cliente que lo hacen más reacio a incorporar un nuevo proveedor.

Hasta aquí, hemos pasado revista a algunas dificultades clásicas que enfrenta un nuevo emprendimiento tecnológico al ingresar al mercado. A continuación, nos concentraremos en analizar el proceso de identificación, contacto y posterior concreción de las primeras ventas, describiendo algunas prácticas que los emprendedores suelen usar para lograr una inserción comercial exitosa.

Conseguir el primer cliente

El primer desafío consiste en aterrizar la información preliminar de potenciales clientes y avanzar hacia una lista más concreta de los candidatos a contactar. En algunos casos, ello ocurre desde la misma instancia en que se identifica la oportunidad del negocio, tal como se verificó en el caso de MaqTec en su primer contacto con los productores de oliva o de BioScience con el equipamiento médico desarrollado para el Instituto FLENI. Pero esto no siempre es así y se requiere desarrollar acciones específicas a tal fin.

Lejos de realizar grandes estudios de mercado o planes comerciales, lo que muestra la práctica es que, en esta primera etapa, es necesario salir rápidamente a circular por los ámbitos donde pueden estar los compradores. Los rastreos por Internet para investigar el mercado pueden ser de gran ayuda.

Los ámbitos son variados y dependen de la industria y de la naturaleza del emprendimiento. Las ferias y eventos específicos de ciertos sectores aparecen como espacios clave para la interacción con potenciales clientes. Para Delta Biotech, por ejemplo, invertir en un stand con una buena imagen para mostrar su propuesta significó la posibilidad de concretar su primera venta a un laboratorio de la India.

> *Por más elemental que parezca, ayuda a iniciar los contactos. Un indicador concreto para evaluar la productividad de dichos eventos es el número de* business cards *de potenciales interesados que nos llevamos y que nos solicitaron. Estas instancias son vitales para el desarrollo del* networking. Patricio, socio fundador de Three Melons.

En el caso de Three Melons, luego de seis meses de circular por distintos eventos y ferias de videojuegos pudieron conocer a quien luego iba a decidir contratarlos para desarrollar un *advergame* en Repsol YPF, el primer cliente de la empresa. Pero la tarea no concluye con la participación en el evento sino que es muy importante darle continuidad mediante el envío de correos con novedades y retomar el contacto con posterioridad. Construir redes de contacto insume tiempo.

> *La realidad es que ya se escuchaba nuestro nombre en el mercado por haber ido a los eventos, por el boca a boca. Teníamos una buena imagen, le dedicamos mucho tiempo: logo, website, una presentación muy visual con demos de juegos. Íbamos a un evento y éramos como cazadores. Cuando hablabas con alguien te decía: "Ya estuve con tu compañero que me dio su tarjeta". Había que ir con 100 tarjetas y volver con cero.* Patricio, socio de Three Melons.

Las redes preexistentes también juegan un papel central en la captación de los primeros clientes. En el caso de Interfactura, una empresa mexicana de servicios web de facturación electrónica basada en su propia plataforma de Internet, el contacto de la familia del emprendedor con un alto ejecutivo de Banorte permitió la relación de Gerardo, su socio fundador, con directivos de Cervecería Modelo, empresa que se convirtió en su primer cliente.

Repasar el listado de conocidos que trabajan en empresas que pueden ser potenciales clientes suele ser muy importante. En el caso de Three Melons, el vínculo previo de uno de los socios con el responsable de marketing de Sony Argentina les permitió concretar una campaña de *advergaming* para la marca. En Technisys, los contactos de los dos ex jefes de Miguel y Adrián en IBM ayudaron a ingresar a la industria financiera.

En el desarrollo de estos contactos comerciales, especialmente cuando no existe conocimiento previo o recomendación, un ingrediente fundamental es la audacia y la confianza que se debe transmitir a la hora de establecer el primer contacto. Convencer al comunicar el "yo puedo hacer esto" es esencial. También lo es mostrar seriedad y compromiso con el nuevo vínculo. A lo largo de las interacciones, también es bueno recordar el dicho de que "solo hay una oportunidad para causar una primera buena impresión". La empatía con quien está del otro lado del mostrador es clave para generar confianza e interés en mantener el vínculo posteriormente.

En paralelo, la presencia en la web es muy importante para las nuevas empresas. Permite comunicar y atraer potenciales clientes. Según algunos emprendedores, las características básicas de un buen sitio combinan: diseño y facilidad de navegación, contenidos pertinentes y orientados a clientes, y agilidad de conectividad del sitio para distintos usuarios.[21]

Aun cuando un sitio web pareciera ser en principio una herramienta pasiva de posicionamiento, a Body Health le sirvió para recibir consultas de un comprador interesado en Perú y concretar la primera venta de la empresa a ese mercado.

> *Un día nos llegó un e-mail de Perú donde decía que les interesaba el producto que habían visto en nuestra página web y querían saber si el equipo era tan bueno como se veía en la foto. Los llamamos por teléfono y les dijimos: "Es mejor de lo que se ve en la foto". Ellos dijeron: "OK, nos interesa, ¿cómo procedemos?". Y bueno, le mandamos todos los datos de cómo tenían que hacer la transferencia. A todo esto, nosotros estábamos averiguando lo del banco, no sabíamos qué teníamos que hacer. Las cosas básicas estaban; nos habíamos registrado como importador/exportador, habíamos hecho todas las cosas para poder vender. Al otro día nos llaman: "Sí, ¿señal de fax?", y nos mandan el escaneado de la transferencia.* Diego, socio fundador de Body Health.

---

[21] Lo vital para tener una buena visibilidad es el uso de palabras clave en la programación del sitio para que sea encontrado rápidamente en los motores de búsqueda. Para identificar las palabras clave se recomienda usar los principales motores de búsqueda para comprobar los términos que surgen vinculados a la industria, a partir de ver páginas de competidores, foros, eventos, etc. Para monitorear la efectividad del posicionamiento del sitio en la web existe la herramienta gratuita de Google Analytics, que permite efectuar un seguimiento sistemático de las visitas (cantidad, origen, tiempo de permanencia en el sitio, etc.).

Los emprendedores dinámicos se distinguen por su proactividad, y no se limitan a esperar pacientemente los contactos que puedan llegar desde su sitio web. Por el contrario, salen a la "caza de clientes". Lo más frecuente es tratar de obtener una entrevista cara a cara para la generación de nuevas relaciones. Los medios de contacto a utilizar para ello son los tradicionales: teléfono o incluso el e-mail. En el caso de Core Security Technologies, el fax resultó útil para tal fin.

> *Empezamos a enviar faxes a todos los gerentes de seguridad de los productos que podíamos ofrecer. Nosotros éramos especialistas en encontrar gente. Dio la casualidad de que el [por entonces] Banco de Boston tenía un problema enorme con una auditoría y el gerente de seguridad estaba furioso después de una reunión cuando llegó el fax nuestro y el producto que le ofrecíamos resolvía sus problemas. Entonces nos llamó por teléfono. Habíamos elegido bien a quién enviarle las cosas, aunque algo de casualidad también existió.* Emiliano, socio fundador de Core Security Technologies.

Cuando el cliente es corporativo, el uso de estos medios más impersonales implica vencer varias barreras. La primera es definir la persona correcta para comenzar a generar la relación con la empresa. Internet puede hacer algún aporte en esta tarea, pues permite identificar, previo al contacto, con nombre y apellido a las personas que definen compras y contrataciones de ciertos rubros.[22] Seguramente, si la persona contactada está interesada acudirá a Internet para obtener alguna información acerca de la empresa. Nuevamente, cobra importancia significativa la página web, ya que a través de ella puede generarse una imagen de confiabilidad.

---

[22] Cuando no es posible, lo ideal es que se especifique detalladamente quién uno imagina a priori que estará a cargo de la compra del producto o servicio. También es posible localizar perfiles a través de herramientas como LinkedIn. Véase al respecto el Capítulo 7.

Naturalmente el contacto es mucho más efectivo si hemos podido ir construyendo por otras vías un nombre en el mercado. En el caso de Core, los fundadores eran reconocidos en el ambiente de la seguridad informática pues habían publicado en los principales revistas especializadas en la materia, eran miembros activos de foros en Internet y generaban informes sobre vulnerabilidades en diversos sistemas. Además habían participado en un proyecto de desarrollo de software para un organismo del Estado. La publicación de estudios y la presencia en foros de Internet puede ser una manera muy efectiva de construir reputación en sectores intensivos en conocimiento.

A la hora de establecer el primer contacto con el potencial cliente, es clave tener un mensaje claro, concreto y contundente –algo así como las tres "C" de la comunicación– que permita rápidamente interesar al otro en seguir escuchando más. Por lo tanto, se impone la premisa de que el tiempo de quien recibe el mensaje es oro y la meta es conseguir un encuentro personal, una suerte de cita o entrevista. Conseguir los primeros clientes requiere tener capacidad de seducción.

Es fundamental tomar estos contactos como una fuente de aprendizaje. A través de ellos, es posible muchas veces conocer sugerencias y mejoras en los productos y requisitos. Saber escuchar hoy suele ayudar a vender mañana.

Ya en los primeros encuentros con los potenciales clientes, además de centrarse en el producto o servicio a comercializar, generando interés y curiosidad en la otra parte, es necesario transmitir los valores personales de los fundadores como los imperantes en la empresa. Es clave ir construyendo un vínculo más que una transacción. Si el producto todavía no está terminado, lo ideal es presentar sustitutos alternativos que puedan cumplir con las funcionalidades básicas, tales como prototipos o demos, algo muy común en las empresas de software. Pero también están aquellos emprendedores más audaces, por ejemplo los de Core, que dentro de un maletín solo llevaban una suerte de catálogo virtual de los productos que podía ofrecer la empresa naciente.

Si bien los emprendedores confiesan que no hay fórmulas mágicas para "trabajar la venta" y cada cliente es un mundo aparte, parece necesario comunicar claramente cuáles son los atributos que posee la nueva tecnología y qué problemas resuelve que no tienen soluciones alternativas más atractivas. Es allí donde el potencial cliente genera opiniones a favor o en contra de la solución presentada, ya sea en abstracto o mediante una prueba del producto o servicio cuyo resultado definirá si satisface o no la necesidad del cliente.

A veces, es posible facilitar un contacto enviando directamente una muestra, como hizo Pablo Verdenelli, fundador de Infoxel, una empresa argentina dedicada al desarrollo de herramientas de análisis, planificación, medición y evaluación de contenidos en medios de comunicación. Pablo adoptó la política de hacerle llegar a los responsables de la comunicación institucional de las empresas una carpeta con recortes periodísticos de diversos medios que permitían evaluar la visibilidad y percepción de la empresa en los espacios formadores de opinión. De esta manera, pudieron dar a conocer su servicio y, gracias a ello, ser contactados por ARCOR con quienes iniciaron una relación comercial que se mantiene hasta la actualidad.

En algunos casos, las empresas innovadoras deben apelar a estrategias más audaces, basadas en resultados o en compartir riesgos, para vencer las barreras iniciales que encuentran en los potenciales clientes. CYT Telemática y Comunicaciones, por ejemplo, logró su primer cliente luego de dejar a prueba su equipo derivador de llamadas durante seis meses. Algo similar, aunque en menor escala, debió hacer Therapia IV. Los emprendedores habían pensado que los hospitales y clínicas iban a estar deseosos de externalizar un área que no constituía su actividad principal y que conllevaba una serie de riesgos e inversiones.[23] Sin embargo, luego de innumerables reuniones de venta en hospitales y clínicas siempre se topaban con la misma barrera: ninguno quería ser el primer cliente. La primera venta, a la Clínica Vitacura, fue posible una vez que ofrecieron en forma gratuita dos días de preparaciones para probar. Luego comenzaron a sumarse clínicas pequeñas, como la Tabancura y la Santa María, siempre con el mismo esquema de ventas: primeras pruebas gratis.

Otro tanto hizo Trabajando.com, una empresa chilena dedicada a la gestión integral de empleos que involucra la postulación online a través de su amplia red de portales de empleos, ferias laborales, seminarios de capital humano, software para universidades, empresas, etc. Durante el primer año de operaciones, los servicios fueron gratuitos para las empresas, lo cual les permitió captar un total de 1.600 clientes.

Para Wetland, también fue muy difícil concretar la primera venta. Esta empresa chilena producía tecnologías para el tratamiento de residuos industriales líquidos y de aguas basadas en el uso de plantas acuáticas. Si bien contaba con el prototipo aún debía demostrar su efectividad cuando funcionara a escala real. Para concretar la primera venta, acordaron con el cliente que si el proyecto no funcionaba, ellos asumirían el 100% de su costo.

A continuación, se presenta un cuadro con algunos pasos relevantes para conseguir los primeros clientes según la experiencia y las recomendaciones de los innovadores dinámicos.

---

[23] Por ejemplo, cualquier contaminación en la preparación de las soluciones podía significar la muerte de los pacientes que las ingerían. Además, se requiere una alta inversión en infraestructura y tecnología, y se necesitan condiciones de laboratorio absolutamente estériles.

---

10 PASOS A SEGUIR PARA LOGRAR EL PRIMER CLIENTE SEGÚN LOS EMPRENDEDORES INNOVADORES DINÁMICOS

---

1. **Contar con un esmerado sitio web**: es la cara visible en el espacio de posicionamiento y publicidad de mayor crecimiento.
2. **Participar en eventos y ferias comerciales.** Ayudan a contactar potenciales clientes y a estar en contacto con las oportunidades y tendencias de la industria.
3. **Desarrollar la imagen de marca y de empresa.** Es clave para que transmita una imagen de confianza y seriedad ante quien debe contratar.
4. **Construir la red de contactos** es la autopista que habilita la llegada a posibles clientes. Hay que circular por ferias, eventos, rastrear por Internet, inventariar a los conocidos y a las redes sociales más cercanas.
5. **Utilizar Internet y redes sociales para seguir generando la red y profundizar el conocimiento de la competencia y del mercado.** Un uso inteligente de estos medios permite conocer quién es quién y captar novedades.
6. **Diseñar el pack comunicacional básico y una propuesta comercial audaz.** Comunicar muy concretamente qué necesidad resuelve, cómo y por qué conviene comprarlo/contratarlo. A veces, es necesario asumir riesgos a través de etapas de prueba del producto por parte del cliente.
7. **Tener un demo, un prototipo, un producto**: algo concreto y creíble que muestre factibilidad técnica y permita incorporar las mejoras y/o sugerencias de los clientes. Si es posible invertir en demostraciones gratuitas para los potenciales interesados, lo recomendable es hacerlo.
8. **Apoyarse en los casos de éxito de otros.** Si la industria es nueva a nivel local los éxitos de casos internacionales pueden ayudar a convencer. Conviene no olvidar agregarles el marketing propio.
9. **Salir a la caza de clientes.** Por teléfono e Internet para generar reuniones cara a cara.
10. **Hacer el seguimiento de contactos** (*follow-up*). Es necesario mantener cierta frecuencia de contacto en el tiempo y monitorear sus resultados.

Fuente: elaboración propia en base a casos relevados.

Organizando la función comercial: del "vendedor fundacional" al equipo de ventas

La actividad de construcción de vinculaciones comerciales requiere de la participación de los emprendedores, y difícilmente pueda ser delegada en las primeras etapas. La experiencia indica que alguien del equipo fundador suele tomar la responsabilidad de establecer el vínculo con potenciales clientes. Convencer al primer cliente requiere del conocimiento técnico sobre el producto, de un elevado compromiso con el proyecto y un fuerte grado de convencimiento sobre las posibilidades de éxito de la empresa, elementos que difícilmente pueda reunir un vendedor contratado. En consecuencia, el equipo emprendedor suele contar con la presencia de alguien con perfil comercial que asumen este rol.

Muchas veces estos perfiles se van descubriendo a medida que se desarrolla la interacción con los clientes. El deseo de aprender y superarse en áreas nuevas de la gestión empresarial es clave.

En los casos de Delta Biotech, Infoxel y Body Health, los fundadores líderes asumieron ese proceso casi naturalmente y fueron desarrollando clientes pues eran quienes tenían la visión estratégica y las habilidades estratégicas. En Technisys, Miguel salió con su portafolio a visitar gerentes de bancos, con la ayuda de Germán, hasta que uno de ellos finalmente creyó en la empresa y compró su producto.

> *Realmente, yo era uno de los pocos que entendía y que podía explicar el producto. Entonces tuve que tomar el rol de hacer las presentaciones. En esa época yo usaba el pelo largo y solo me faltaban los aritos. Hasta que un día me tuve que poner un traje y dar una presentación a 500 personas en la Asociación de Marketing Bancario, porque no quedaba otra opción. Ese fue como el hito que me empezó a llevar hacia el área comercial. Me di cuenta de que tenía aptitudes para transmitir y generar confianza, que es lo que se necesita para vender software o cualquier intangible, porque no se puede ver, tocar. El cliente puede comprobar experiencias anteriores, pero en realidad está comprando promesas. Después de pasar un tiempo en ventas, asumí el rol de líder de la compañía.* Miguel, socio fundador de Technisys.

En el caso de Manejo Profesional de Desechos, Adrián Castro fue el encargado de salir a vender los servicios de la empresa, así como también había sido el encargado de estudiar el mercado y definir los potenciales clientes. En MaqTec, Carlos y Martín, a sabiendas de la necesidad de contar en el equipo con alguien de perfil comercial para insertarse en una industria compleja, convocaron a José, cediéndole una participación sobre los beneficios de la empresa. Su incorporación fue clave para desarrollar el mercado.[24] En Three Melons, varios fundadores salieron a establecer vínculos y contactos con clientes hasta que, una vez conseguidas las primeras ventas, se especializaron los roles y funciones.

Por lo general, quienes se hacen cargo de la función comercial suelen contar con capacidades comunicativas y de trato interpersonal, con una visión estratégica del negocio y habilidad para entender muchos de los desafíos que el crecimiento trae consigo.

También es necesario tener habilidades para negociar, especialmente cuando existe aún algún grado de incertidumbre sobre los tiempos y recursos que demandará el desarrollo y producción de la primera orden de compra. En estos casos, además de saber transmitir confianza en la capacidad para resolver problemas técnicos, es fundamental contar con habilidades para conseguir una flexibilización de los tiempos acordados inicialmente sin perder el cliente y evitar perjuicios para la empresa.

En resumen, es clave tener capacidad de escucha –entender qué quiere el cliente– y saber qué se le puede ofrecer para satisfacerlo, pero también es preciso tener claro hasta dónde es posible ceder en la negociación para que ambas partes queden conformes.

---

[24] De hecho, tal como se verá en el capítulo de recursos humanos, los fundadores suelen asociar a otros profesionales que complementan sus capacidades.

EL VENDEDOR FUNDACIONAL Y SUS CAPACIDADES	
✔ Liderazgo	✔ Visión estratégica: para entender los negocios con mirada de mediano y largo plazo
✔ Empatía	✔ Conocimiento técnico del producto o servicio
✔ Negociación	✔ Gestionar en la incertidumbre
✔ Manejo táctico: para cerrar tratos puntuales	✔ Comunicar y transmitir confianza

Fuente: elaboración propia en base a casos relevados.

Cuando los desafíos comerciales son mayores, se requiere ensanchar la plataforma comercial de la empresa y se hace necesario repensar la organización del área de ventas. Por ejemplo, en el caso de Globant, sus ventas fueron creciendo rápidamente en los inicios a través del desarrollo de redes de contacto y de recomendación de clientes. Pero llegó un punto en el que fue necesario repensar el proceso de venta y desarrollar una organización de ventas independiente que pudiera liderar el desarrollo comercial de una manera más sistemática, ganando en previsibilidad en cuanto al crecimiento de la compañía. En esta etapa, los esfuerzos comienzan a ser delegados en una estructura más especializada, lo cual no necesariamente significa que los socios deban abstenerse de todo protagonismo.

El caso de Globant ilustra una cuestión central a tener en cuenta a la hora de escalar las ventas. Mantenerse en un desarrollo comercial estrictamente basado en redes de contacto informales tiene el riesgo de que la empresa vaya por el sendero de especialización que habilita la red, el cual no necesariamente siempre es el más conveniente.[25]

---

[25] Murakami, S.; Premo, R.; Trantcheva, I. y Yeager, E.: "Globant: Leading the IT Outsourcing Revolution in Latin America", 15.389 MIT G-Lab Case, marzo 21, MIT Press, 2006.

Al mismo tiempo, la definición de la estrategia comercial y el posicionamiento respecto de la competencia pasa a ser un proceso clave dentro de la empresa. Esto es, la venta deja de ser una función netamente operativa y comienza a alimentarse de elementos de marketing estratégico y da lugar al diseño de procesos internos más sofisticados. Un ejemplo que ilustra esto es el caso de Core Security. Cuando la cantidad de clientes que hacía consultas y solicitaba sus productos se incrementó, fue necesario el desarrollo de un sistema de ventas que permitiera estructurar el proceso y el ciclo de ventas de la compañía como un proceso de ingeniería. Se trataba de poder visualizar claramente cómo las decisiones que tomaba la empresa afectaban el *pipeline* de ventas. El proyecto estuvo a cargo de un ingeniero industrial egresado de la escuela de negocios del MIT. Emiliano, de Core, nos explica en detalle los objetivos y resultados que tuvo este proyecto en la empresa.

> *La gente tiende a pensar que las ventas son una tarea* soft *y que el mejor vendedor es el que tiene más empatía con las personas. En mi experiencia, es mucho mejor estar mirando el proceso de ventas (o lo que hoy la gente de* lean start up *llama el* Customer development cycle*) como una tarea de ingeniería. "Ingenierizar" el proceso de ventas permite medir, analizar y mejorar, que es justo lo que necesitamos. La organización del proceso de ventas, la medida de cada una de las conversiones entre etapas de este proceso y la capacidad de generar buenas herramientas para tomar buenas decisiones de precios, posicionamiento y llevar* feedback *concreto para retroalimentar el desarrollo del producto era lo que buscábamos con este proyecto.* Emiliano, socio fundador de Core Security Technologies.

Avanzar en esta dirección es un proceso que lleva sus tiempos, pero en las empresas dinámicas ya desde temprano comienza a vislumbrarse la necesidad de algún grado de delegación, dado que, de lo contrario, el crecimiento puede verse afectado.

Por otro lado, están las empresas que operan en mercados caracterizados por un número de clientes más limitado, por lo general empresarios pyme, y precios unitarios elevados, tal como ocurre en el caso de algunos segmentos de bienes de capital que exigen un trato más personalizado entre colegas. Esto se ve claramente en MaqTec, en donde el papel de José en la gestión comercial sigue siendo muy activo y el trato con los clientes muy frecuente. También Diego en Body Health y Claudio en BioScience participan activamente a nivel comercial. El trato personalizado también es central para la estrategia de fidelización de las empresas chilenas de servicios Recycla Chile S.A. y Therapia IV S.A.

Un denominador común entre las empresas es que los emprendedores continúan manteniendo lazos privilegiados con algunos clientes, por ejemplo distribuidores, que suelen ser portadores de información muy valiosa sobre tendencias comerciales y tecnológicas. En algunos casos, inclusive la relación con los distribuidores contribuye decididamente a consolidar el proyecto emprendedor tal como ocurrió con Sicom Ingeniería cuando se asoció con EECOL Electric Ltda. para que distribuyera sus productos de iluminación en el mercado industrial chileno, al que no habían podido cautivar hasta ese momento.

A medida que las estrategias comerciales desplegadas requieren más audacia, también resulta imprescindible volver a investigar el mercado, una actividad que estas empresas realizan de manera sistemática y recurrente. Por ejemplo, Globant relevó cuáles eran las razones, en orden de importancia, por las cuales sus clientes elegían a un proveedor. En su industria, los clientes definían la contratación en función de: 1) su capacidad técnica, 2) su costo y 3) sus capacidades de comunicación. Comprender los drivers de ventas fue clave para mantener en la estrategia de la empresa el reclutamiento de talentos y su formación en la empresa, enfocando especialmente en la atención al cliente y en la cercanía en cuanto a comunicación y presencia para la resolución de problemas. La diferenciación respecto de la competencia estaba en este acercamiento difícil de lograr de parte de los competidores.[26]

El primer cliente como activo

Lo ideal es conseguir clientes que puedan convertirse en verdaderos activos para la empresa, es decir, que puedan oficiar de "abrepuertas" con nuevos clientes, o bien que sean claves para captar información del mercado.

Ello puede ocurrir de manera directa y explícita, por medio de su recomendación a otros potenciales interesados, o bien implícitamente, como emisor masivo de un "efecto de señalización" hacia el resto del mercado. En este caso, el contarlo en nuestra cartera de clientes equivale a comunicar el siguiente mensaje: "Si tal cliente nos compró y está satisfecho, merecemos ser tenidos en cuenta". Es decir que, de una u otra forma, la reputación del primer cliente puede tener un efecto demostración para atraer nuevos clientes.

Algunos casos ilustran este efecto demostración en la evolución comercial de las empresas. Para MaqTec, las primeras ventas a la empresa australiana, con quien luego desarrolló una alianza estratégica, operaron como una fuerte señal de confianza en el mercado argentino –que hasta ese momento miraba la solución técnica con desconfianza– y fue muy importante para la apertura de otros mercados en Europa. A Therapia IV, conseguir a la Clínica Vitacura como primer cliente le permitió tener un aval

---

[26] Había algunas condiciones externas a la firma que facilitaban las comunicaciones, comenzando por la favorable diferencia horaria con Estados Unidos y Europa, que para proveedores de otras regiones suponía mayores dificultades en cuanto al horario de trabajo de los empleados, además de una mayor semejanza cultural entre el personal y los clientes, lo que facilitaba la comunicación.

para concretar nuevas ventas, en tanto que para Sicom Ingeniería, el primer cliente reforzó la confianza del equipo emprendedor en su proyecto, y ayudó a definir las características del primer producto en base a tecnología de iluminación LED.

Para Three Melons, venderle a Repsol YPF y al primer cliente de Inglaterra fue clave para instalar a la empresa en el mundillo de los videojuegos y marcar presencia local en la industria global. En los casos de Core Security y Technisys, el primer proyecto de desarrollo del producto junto al Bank Boston en Argentina fue muy importante ya que el testeo previo de la solución técnica por parte de un cliente de reputación les permitió acceder a nuevos clientes con mayor facilidad.

Una posible lección es que para ganar visibilidad y construir reputación es muy relevante poder venderle a un cliente de renombre: ayuda a entrar al mercado por la puerta grande. Además, los primeros clientes suelen ser una fuente de aprendizaje acerca del mercado y del producto. Un emprendedor colombiano del Grupo Cóndor lo expresaba en una conferencia de esta manera:

> *En realidad, soy yo el que me ahorré de pagarle a mi primer cliente por haberme ayudado a consolidar mi producto y aprender de sus aportes.* Miembro del Grupo Cóndor.

Con esta perspectiva, el cliente puede ser considerado un activo, y ello significa que hay que invertir en la construcción del vínculo comercial. Por lo tanto, las primeras ventas muchas veces suponen "ganar menos" o "dejar de ganar" al inicio para comenzar a obtener beneficios más adelante.

Invertir estratégicamente puede implicar distintos tipos posibles de condiciones especiales para los primeros clientes –descuentos, precios preferenciales, algún desarrollo gratuito, etc.– que, de alguna manera, retribuye la confianza depositada en los comienzos de la firma. En algunos casos, estas prácticas se mantienen en el tiempo bajo la forma de trato preferencial, como continuidad del vínculo entablado y expresión de la importancia estratégica otorgada a dicho cliente. En el caso de Technisys, por ejemplo, a los primeros clientes no se les cobraron todas las licencias del producto, sino las adaptaciones necesarias para las aplicaciones específicas que se requerían.

El concepto de cliente como activo supone la necesidad de mantener un lazo privilegiado con algunos clientes clave dado que, especialmente cuando se trata de distribuidores, suelen ser portadores de información muy valiosa sobre tendencias comerciales y tecnológicas. Este rol es habitualmente conocido como "antena comercial".

A medida que la relación comercial va avanzando, suelen verificarse ciertos cambios en los roles de las partes. Así como al comienzo es necesario concientizar al cliente acerca de las bondades del nuevo producto o servicio en relación con la oferta existente, luego será el cliente quien se convertirá en fuente de demandas de mejoras o de adaptaciones específicas del producto o servicio. Las empresas que saben escuchar a sus clientes son las que más rápidamente logran crecer.

A partir de un determinado momento, incluso, habrá que optar entre dejarse llevar por el mercado o seguir tratando de imponer nuevas propuestas desarrolladas puertas adentro de la empresa. Un error típico que cometen muchos emprendedores tecnológicos es dejarse llevar por la tentación de seguir innovando igual que al principio sin antes rentabilizar las inversiones realizadas en sus primeros desarrollos de producto y en sus esfuerzos para ingresar al mercado.

Una cosa es cuando se comienza a vender, se prueba un mercado nuevo y están los primeros adopters *en ese mercado y de alguna manera se está llevando un producto nuevo, evangelizando al mercado sobre lo que se puede hacer. Después hay un punto en el que el mercado ya está evangelizado y empieza a tirar. Entonces es al revés, se deja de empujar, y el mercado empieza a tirar. Lo que tienden a hacer las compañías en ese momento es seguir empujando. Eso es un error. Lo que hay que hacer en ese momento es empezar a seguir. Si ellos están diciendo eso, hay que ir para ahí. Eso, para un ingeniero, es muy difícil, y más para el tipo de ingeniero que somos nosotros, acostumbrados a hacer lo que está bien, lo correcto.* Emiliano, socio fundador de Core Security Technologies.

La tracción desde el mercado comienza cuando las oportunidades que al inicio tanto costaron conseguir comienzan a ir hacia los emprendedores. Las empresas de rápido crecimiento se destacan por saber explotar este cambio de contexto.[27] Como afirmábamos previamente, es importante prestar atención a los cambios necesarios en la función comercial una vez que se comienza a transitar esta nueva etapa.

Mecanismos de protección frente a la copia

El desafío de los empresarios dinámicos no consiste solamente en desarrollar propuestas innovadoras e introducirlas en el mercado, sino que deben ocuparse de proteger la innovación. Este es uno de los aspectos críticos que la bibliografía sobre innovación y tecnología ha venido estudiando en las últimas décadas.

Mucho se ha escrito respecto del uso de las formas de protección legales, fundamentalmente a través del registro de marcas y patentes, pero pocas de estas herramientas parecen ser utilizadas en la práctica por la mayoría de los emprendedores.

---

[27] Vale la pena aclarar que no se trata de "dejar de innovar", sino de orientar esos esfuerzos innovadores hacia las necesidades que está revelando la demanda.

En primer lugar, hay que tener en cuenta que según el tipo de innovación del que estemos hablando las herramientas pueden ser más o menos útiles para lograr la protección.

En el mundo del software, por ejemplo, algunas empresas como Core, Interfactura o Technisys tienen diversas patentes de invención de sus productos registradas. Sin embargo, el patentamiento es poco utilizado debido a que, según los emprendedores, su efectividad es más limitada que en otros rubros. Cambiando unas pocas líneas de código que no alteran en esencia lo que un programa o producto de software puede hacer, es posible desarrollar un producto similar sin violar la propiedad intelectual del bien registrado.

Sin embargo, si bien no tiene tanta fuerza protectora como en otros bienes, podría servir para otros fines. Por un lado, para evitar demandas de la competencia hacia la empresa, cuestionando su autoría. Si el producto no está patentado, esto puede generar trastornos grandes, tales como demoras de meses en poder salir a vender. Por otra parte, la patente puede servir para brindar confianza ante eventuales inversores. En tercer término –y específicamente para aquellas empresas que operan o tienen pensado operar en Estados Unidos u otros países con similar sistema contable– cabe tener presente que, en dichos países, las patentes se pueden activar como parte del patrimonio de la empresa, valorizando así la innovación y la empresa a la hora de vender las acciones.[28]

Una cuestión central sobre el proceso de patentamiento es dónde llevarlo a cabo. Muchos emprendedores suelen hacerlo directamente en los mercados en los que operan. Es importante considerar a tal efecto si estos países participan de acuerdos de protección válidos en otras áreas geo-

---

[28] En la Argentina y otros países, esa práctica contable no está permitida.

gráficas en simultáneo, tal como el *Patent Cooperation Treaty* (PCT). Si no lo ha suscripto, las patentes registradas no tienen validez en el resto del mundo. Por lo tanto, existe un plazo de seis meses para patentarlo en otros mercados. Esto es importante considerarlo para seleccionar el mercado en el cual realizar este trámite.

Otro aspecto a considerar son los costos de patentar, que pueden variar mucho en función de cómo se organice el proceso. Por ejemplo, según la experiencia de algunos emprendedores puede ser conveniente tercerizar la supervisión de su validez legal e internalizar la confección de la misma para abaratar costos. Emiliano Kargieman, fundador de Core, comenta al respecto:

> Al principio creo que pagamos 70.000 dólares por las dos primeras patentes, porque tuvimos que contratar un abogado. Después las empezamos a hacer nosotros. Uno de los fundadores es experto, se sienta y escribe claims de patentes. Después lo que hacemos es que las lea un abogado. Contratamos el mejor abogado de patentes de Estados Unidos, pero lo contratamos por una hora, no para que escriba las patentes. Entonces le pagábamos lo que vale su hora, no importa porque es una o dos horas. Él nos hace dos o tres recomendaciones: "Hay que sacar esto de acá, ponerlo allá" o directamente que hay que hacerla de nuevo. Hoy una patente provisional en Estados Unidos se presenta por Internet. Cuesta 70 dólares y después hay un año para presentar la definitiva, que ya es un trabajo un poco más complejo. Emiliano, socio fundador de Core Security Technologies.

Otra de las estrategias de protección utilizadas con frecuencia por las empresas de software es la firma de contratos de trabajo que incluyen cláusulas de confidencialidad para los empleados y acuerdos para que no se incorporen a firmas de la competencia por un determinado período luego de desvincularse. También puede ser útil cuando se brindan servicios a clientes que pueden estar interesados en captar personal de la empresa, algo típico en el caso de desarrollos de software. En los inicios de Core, no se firmaban acuerdos de confidencialidad con el personal, pero después del ingreso de diferentes oleadas de capital de riesgo emprendedor se comenzaron a suscribir este tipo de contratos.

Sin embargo, existen otros mecanismos de protección basados en conductas estratégicas de las empresas. No debería llamar la atención que sean estos los preferidos por las empresas innovadoras de rápido crecimiento a la hora de protegerse de la copia. En primer lugar, la velocidad de innovación es definitivamente el principal mecanismo de protección que utilizan. Llegar primeros al mercado, generar fidelidad en los clientes e instalar soluciones alternativas que rompan con viejos paradigmas suponen un plus para captar mercado, aun cuando existan competidores que los imiten o copien.

La fidelización de clientes es uno de estos mecanismos. TV Esporte Interactivo basa su estrategia de protección mediante la interactividad vía web, tal como lo prevé su modelo de negocios. También Diagnotec siguió esta estrategia aunque, en este caso, logró la fidelización mediante la localización de proximidad con sus clientes de la industria salmonera en Puerto Montt. Actualmente, Diagnotec utiliza distintas estrategias para protegerse, tales como el manejo de protocolos en estricta confidencialidad, la innovación continua y, en ocasiones muy puntuales, el patentamiento, especialmente cuando están planeando la introducción de sus innovaciones en mercados extranjeros. Es así como han realizado un esfuerzo significativo en patentar su producto antiviral en mercados clave de la industria acuícola, proceso que confiesan ha sido costoso en términos de tiempo y recursos monetarios. Para el resto de las innovaciones, especialmente las enfocadas al mercado chileno, han preferido no patentar debido al riesgo de la copia, ya que el proceso de patentamiento exige exponer sus metodologías al dominio público.

La inversión en investigación y desarrollo que realizan estas empresas ayuda a posicionarlas en condiciones de ventaja respecto de sus competidores, permitiéndoles lanzar nuevos productos o mejoras incrementales en los anteriores.

La estrategia de innovación permanente, un modelo de negocio innovador, los servicios añadidos al producto, las restricciones en el acceso a la información tecnológica y la construcción de imagen son las principales vías de protección estratégica utilizadas por los emprendedores dinámicos en Chile.

MECANISMOS DE PROTECCIÓN DE LA INNOVACIÓN DE EMPRENDEDORES INNOVADORES DINÁMICOS EN CHILE

1	Innovación permanente	67%
2	Ventajas competitivas difíciles de copiar	62%
3	Modelo de negocio innovador	62%
4	Servicios de posventa	57%
5	Códigos fuentes	56%
6	Acceso selectivo a información tecnológica	53%
7	Construcción de reputación / imagen	52%
8	Marcas	43%
9	Patentes	41%
10	Codificación de la información tecnológica	35%
11	Fidelización de clientes	33%

Nota: los porcentajes se calcularon en base al total de emprendedores que contestaron la pregunta en la encuesta.
Fuente: Kantis, 2008.

Estos resultados coinciden con otras investigaciones sobre empresas más maduras en la Argentina y en diversos países, en donde predomina la protección a través de mecanismos estratégicos por sobre los formales.[29]

---

[29] Milesi, D.; Berón, A. C. y Erbes, A.: *Estrategias de apropiación de innovaciones en la industria argentina*, Seminario 2009 de la Asociación Latino-Iberoamericana de Gestión Tecnológica (ALTEC), Cartagena de Indias, 2009.

111

En resumen, si bien conviene asesorarse en cuanto a las formas legales de protección frente a la copia, la conducta estratégica de la empresa es la vía más utilizada por los emprendedores dinámicos.

PRÁCTICAS PARA EL DESARROLLO COMERCIAL

- **Activar y seguir los contactos.** No basta con contactar y ofrecer el producto o servicio. Insistir, replantear y saber cambiar sobre la marcha también son prácticas útiles para captar clientes. El seguimiento de los contactos realizados es clave.
- **Entender a la competencia.** Para ser percibidos como distintos y superadores de la oferta existente, también hay que serlo. Conocer cuáles son los competidores y productos que actualmente se ofrecen es condición *sine qua non* para lograrlo. Internet puede ser una primera fuente de conocimiento del mercado, pero también lo serán los primeros clientes. Saber escucharlos, y entender sus necesidades y sugerencias abrirá un camino comercial más promisorio.
- **Tratar al primer cliente como un socio.** La importancia que tiene para una nueva empresa su primer cliente debe reflejarse en el acercamiento para captarlo. Buscar clientes importantes, que den reputación y permitan rápida recomendación a otros aparece como una práctica crucial. Para lograrlo, se requiere asociarlo en los beneficios que le puede traer ser el primero en probar el producto y abordar la relación con una mirada de mediano y largo plazo. Ello incrementa las posibilidades de que el cliente se arriesgue a contratar a un proveedor que presenta mayores riesgos tecnológicos y comerciales, al menos, a priori.
- **Considerar que cuando los clientes son empresas, quien toma la decisión de contratación también es un cliente.** Entender que del otro lado hay una persona encargada de tomar la decisión de contratar. Lo primero es identificar quién es el contacto con las empresas. Lo segundo es entender que debe satisfacer las necesidades de su empresa, a la vez que responde con su prestigio si toma decisiones equivocadas. Un contacto que contemple estas dos cuestiones tiene más probabilidades de ser exitoso.
- **Estar siempre dispuesto a solucionar problemas de los clientes.** Toda relación comercial, en sus inicios, tiene algún contratiempo (problemas en la especificación del producto, en la producción, en el plazo de entrega, etc.). Lo primordial es mostrarse dispuesto a solucionar y entender la posición del otro cuando hay un reclamo.
- **Ofrecer un producto o servicio cerrado... pero no tanto.** Cuando se trata de innovaciones a medida parece conveniente dejar espacio para que el

cliente haga solicitudes y pedidos en función de sus necesidades. Ello aumenta la disposición a innovar del cliente, contratando a una empresa nueva.

✔ **Mostrar prestigio técnico.** En ausencia de reputación comercial, el prestigio técnico puede ser un disparador de la primera venta. Los trabajos de investigación y la publicación de estudios especializados en temáticas relacionadas con el producto o servicio a nivel nacional o internacional pueden servir como credenciales de presentación.

✔ **No subestimar los medios informales de contacto.** Una llamada telefónica, un e-mail o un fax pueden surtir una buena impresión si el mensaje es claro y la necesidad del potencial cliente fue bien detectada.

✔ **Construir reputación con clientes satisfechos.** No hay mejor publicidad que clientes satisfechos que pueden recomendar a otros clientes los productos o servicios de la empresa.

✔ **Mantener presencia en ferias y eventos comerciales.** Reputación también es permanencia y evolución dentro del rubro, algo que se demuestra en los eventos más importantes y en la posibilidad de mostrar novedades y crecimiento empresarial a los principales jugadores del sector.

✔ **Ampliar las redes.** Profundizar los vínculos que permiten desarrollar canales comerciales y potenciales alianzas estratégicas. La vinculación a nivel personal de los emprendedores sigue siendo muy recomendable para alimentar estas relaciones y aumentar la confianza y el conocimiento mutuos.

✔ **Insertarse primero, dejarse llevar por el mercado después.** Mientras que al principio es la empresa innovadora la que *empuja* al mercado a adoptar su producto/servicio, al poco tiempo es el mercado el que asume el liderazgo y muestra el sendero de expansión comercial revelando sus necesidades. Identificar esos momentos y saber *desprenderse emocionalmente* de la idea que los emprendedores tenían a priori es fundamental para aprovechar esa oportunidad de crecimiento.

✔ **Concebir las ventas como otro proceso de ingeniería de la empresa.** Es recomendable trabajar rápidamente en sistematizar procesos y responsables del seguimiento de los contactos comerciales con potenciales clientes. Considerar el proceso de venta desde una lógica "ingenieril" –recursos que involucra, tiempos, actividades, tareas de contacto, seguimiento y concreción de la transacción, etc.– contribuye a: 1) identificar tiempos de venta de distintos productos y servicios, así como información que puede ser usada como insumo para la planificación comercial, 2) trabajar sobre la disminución de tiempos para medir el impacto de distintas estrategias comerciales y 3) diversificar la oferta de productos/servicios en función de sus tiempos de venta y retornos esperados.

Fuente: elaboración propia en base a casos relevados.

Preguntas y ejercicios para seguir aprendiendo

Para emprendedores

1. ¿Cuáles son las principales fuentes de información que utiliza para ubicar a sus compradores potenciales? ¿Cuáles son los principales lugares por dónde ellos circulan o con los cuáles se conectan? ¿Cómo establecer el puente con ellos?

2. ¿Qué acciones incluiría en una agenda destinada a conquistar el primer cliente sobre la base de la experiencia de los emprendedores innovadores dinámicos? Identifique las cinco principales.

3. ¿Qué se puede hacer para construir/mejorar la imagen y comunicación de su empresa o proyecto? ¿Es esta una tarea regular de la nueva empresa o es solo un esfuerzo esporádico ante el advenimiento de una ocasión especial? ¿Puede la vinculación y el trabajo con una institución de apoyo a emprendedores agregarle valor en este aspecto? ¿Exploró esta posibilidad?

4. ¿En qué medida está aprovechando los recursos de la web? ¿Qué características (diseño, navegabilidad, pertinencia, orientación al cliente) tiene su sitio web? ¿Qué grado de visibilidad logra a través de la web? Utilizando la herramienta de Google Analytics responder las siguientes preguntas:
   - ¿Cuánta gente entró a su sitio web en el último mes? ¿Y en los últimos seis meses? ¿De dónde son? ¿Cómo accedieron a su sitio web?
   - ¿Cuánto tiempo permanecieron? ¿Qué secciones fueron las más vistas?
   - ¿Qué reflexiones puede extraer de esta información para mejorar su presencia en la web?

5. ¿Participa en ferias y eventos sectoriales o solo en eventos académicos? ¿Tiene una agenda de los principales

eventos que no debería perderse? ¿A cuántos de ellos ha ido? ¿Qué resultados obtuvo? ¿Efectúa un seguimiento de los contactos iniciados en estos ámbitos con potenciales clientes?

6. ¿Por qué y cuándo puede decirse que los primeros clientes son un activo para la nueva empresa? ¿Tiene identificados potenciales clientes que podrían desempeñar un rol de este tipo? Si ya los tiene, ¿en qué medida los aprovecha siguiendo las experiencias emprendedoras presentadas en el capítulo?

7. ¿Quién está a cargo de la comercialización del producto o servicio? ¿En qué medida estas características se asemejan a las del "vendedor fundacional"? ¿Qué fortalezas y debilidades tiene el área de ventas de la empresa? ¿Cuáles son las oportunidades de mejora existentes?

8. ¿Quiénes son sus principales competidores? ¿Cuáles son sus principales fortalezas y debilidades competitivas? ¿Cómo las protege?

Para docentes e investigadores

1. ¿Qué obstáculos encuentran las nuevas empresas innovadoras para conquistar el primer cliente? ¿A qué se debe?

2. ¿Cuáles son los factores clave para lograr el primer cliente en una empresa innovadora?

3. Una de las lecciones que surgen de los testimonios de los emprendedores se refiere a la necesidad de circular por los ámbitos adecuados y contar con un pack comunicacional básico. ¿Cree que los cursos de capacitación para emprendedores le dedican a este tema la importancia que merece? Identifique cinco oportunidades de mejora en este campo.

4. ¿Cuál es el espacio de posibilidades que tienen los cursos de emprendedores para ayudarlos a desarrollar capacidades para ocupar el rol de "vendedor fundacional"?

5. ¿En qué medida las currículas para formar profesionales especializados en recursos humanos contemplan las especificidades de las nuevas empresas innovadoras dinámicas? ¿Qué ideas de mejora se le ocurren en este plano?

6. ¿De qué manera suelen proteger las ventajas competitivas basadas en la innovación los emprendedores innovadores dinámicos? ¿De qué factores depende? ¿Cuál es la estrategia más adecuada? ¿Hay diferencias entre sectores?

Para responsables de programas y profesionales de apoyo

1. Las experiencias de emprendedores innovadores presentadas destacan la importancia de conseguir el primer cliente para las nuevas empresas. ¿En qué medida las políticas y programas ayudan a los emprendedores en este campo? ¿Conoce iniciativas que ya lo estén haciendo? ¿Ha tomado contacto con alguna de ellas para conocerla?

2. ¿En qué medida la agenda de servicios de los programas de apoyo a emprendedores incluyen la temática de la construcción de imagen y reputación de los emprendimientos?

3. ¿Qué puede hacer una institución de apoyo para que el hecho de estar vinculado a ella le agregue valor al emprendimiento dinámico?

4. La protección frente a la copia a través del uso de patentes no es una práctica generalizada entre los emprendedores innovadores. ¿Qué factores explicarían esta situación? ¿Se trata sencillamente de un déficit de los emprendedores? ¿Qué otros factores influyen a la luz de las experiencias presentadas en el capítulo?

5. ¿Qué acciones de política podrían ser útiles para los emprendedores a la hora de elegir e implementar la estrategia de protección más adecuada para su caso?

CAPÍTULO 5

LA INTERNACIONALIZACIÓN

- *¿Cómo seleccionar mercados externos?*
- *¿Cómo comenzar a exportar?*
- *¿Cómo buscar y desarrollar distribuidores en el extranjero?*
- *¿Cuándo es conveniente tener presencia directa en el mercado de destino?*

Vender en el mercado externo es una opción estratégica muy importante para las nuevas empresas que desean crecer en forma agresiva. Este capítulo da cuenta de cómo los emprendedores se prepararon para encarar el proceso de internacionalización. El énfasis está colocado en aquellos aspectos que fueron destacados por los emprendedores a partir de las lecciones que se pueden extraer de sus experiencias, dejando de lado cuestiones más operativas y técnicas relacionadas con la exportación (trámites, aranceles, etc.).

Los primeros pasos

El avance de las nuevas empresas tecnológicas hacia mercados externos es un proceso complejo que demanda tiempo, recursos, energía, persistencia y visión de largo plazo. Las experiencias de firmas que se internacionalizaron rápidamente ilustran cómo los emprendedores se las ingenian para encarar un proceso de esta naturaleza.

En primer lugar, la idea de orientarse a la exportación suele estar latente desde la fundación del emprendimiento. Esta visión indudablemente ayuda a pensar el proyecto empresarial para poder "jugar en primera", es decir, para competir en los mercados globales desde el primer minuto, tanto desde el punto de vista del desarrollo del producto o servicio, como desde el equipo humano necesario, así como de los recursos a conseguir. En otras palabras, tener visión y orientación internacional es el primer requisito.

Un elemento frecuente entre los emprendedores con orientación internacional es haber acumulado vivencias previas en el exterior, por ejemplo, a través de viajes de estudios o estancias aleccionadoras en otros países. Esto es particularmente formativo cuando se desarrolla una experiencia laboral en una compañía extranjera. Por ejemplo, en el caso de Emiliano, de Core, fue muy importante haber trabajado en una empresa de software en el Silicon Valley, como también lo fue para José, de MaqTec, el haberlo hecho en una terminal automotriz en Francia, para Max Grekin, de SKM Seaprende en D-Link Brasil –una empresa proveedora de soluciones en redes para empresas y clientes individuales– como *country manager* y para Sergio López, de Intellisoft, en una empresa de TICs en Estados Unidos.

En otros casos, como los de Carlos Moreira, Edgar Diniz y Leonardo César, de TV Esporte Interactivo, o de Diego Bazzurro, de Body Health, los viajes que realizaron a lo largo de su trayectoria laboral en corporaciones importantes también les permitieron captar ideas para luego implementar y desarrollar en su propio emprendimiento. Estas estancias en el exterior fueron claves para forjar una visión global de los negocios, pero también para comprender otras culturas y costumbres, los valores que priorizan las empresas en otras latitudes a la hora de entablar relaciones comerciales y, en algunos casos, para identificar oportunidades de negocio. Probablemente, esto también se aplique para los fundadores de Globant, ya que los cuatro miembros del equipo fundador habían vivido en Argentina y otros países de la región, tales como Brasil, Chile, Ecuador, México, Uruguay y Venezuela, así como también en el Reino Unido.

La realización de viajes y cursos breves, las estadías laborales de corta duración y aun las vacaciones en el exterior pueden servir para aprender y ensanchar la perspectiva de negocios. Circular por los ámbitos en los cuales transitan potenciales clientes y personas vinculadas a la industria es esencial. Las ferias y eventos son lugares clave de contacto con potenciales clientes del exterior. Así fue como Delta Biotech consiguió su primera exportación a la India.

> *Surgió la posibilidad de que la Fundación Export.ar[30] nos financiara parte del stand en una feria de la industria farmacéutica donde los fabricantes de materias primas exponen sus productos y todos los gerentes de compra del mundo adquieren materias primas para el resto del año. Allí nos encontramos con varios potenciales clientes, uno de ellos en particular, de la India, que tuvo un requerimiento bastante alto de uno de los productos que hacíamos nosotros. Ese fue nuestro primer cliente global.*
> Germán, socio fundador de Delta Biotech.

La inversión en este tipo de eventos suele tener un elevado retorno en términos de aprendizaje empresarial y desarrollo comercial. Ello explica, entonces, la importancia que tiene la participación en eventos internacionales –ferias, conferencias, misiones– como espacio de encuentro para desarrollar relaciones cara a cara.

> *En una de esas giras iniciales por distintos eventos de la industria conocimos un pequeño estudio de marketing interactivo en Londres. Ese estudio después de unos meses tuvo un proyecto con la BBC de Londres y nos*

---

[30] La Fundación Export.ar es una institución mixta que opera en la República Argentina, integrada por los sectores público y privado para asistir a la comunidad empresarial en sus esfuerzos por comercializar con eficacia sus productos competitivos en el plano internacional, con miras a acceder, ampliar y diversificar sus exportaciones (fuente: www.exportar.org.ar).

tercerizaron una parte. Lo que valoran mucho las empresas es que alguien de un país tan lejano vaya a su oficina de Londres con un producto de calidad internacional, que hable perfecto inglés y que entienda los mismos chistes porque hay bastante cercanía cultural en el mundo innovador. Todo lo que sea persona a persona termina siendo muchas veces definitorio. Patricio, socio fundador de Three Melons.

La identificación selectiva de actores *target* es una práctica muy relevante. Por ejemplo, Globant buscó las empresas extranjeras que contaban con ejecutivos argentinos para facilitar la construcción de puentes que los ayudaran a llegar a destino.

Los sondeos previos en Internet pueden, por lo tanto, ser muy importantes para tener una aproximación al mapa de jugadores de la industria, para relevar información comercial de mercados externos, entablar vínculos previos con potenciales clientes, analizar la competencia en cada mercado e identificar posibles distribuidores. Conviene hacer esto antes de un eventual viaje. Esta fue una práctica que implementaron empresas tales como Trabajando.com, Drillco y Body Health antes de iniciar su proceso de internacionalización.

Vía Internet es posible saber cuáles son las exposiciones en cada país, solicitar la lista de expositores y con el nombre de los expositores investigar cuáles de ellos son distribuidores. También es importante analizar las revistas de la industria en ese país que se pueden buscar en Internet. Si publicitan ahí también, esa empresa es importante. Entonces, ya es posible tener una lista de distribuidores potenciales. En mi experiencia, hay que invertir en contactarlos personalmente o vía telefónica e intentar cerrar un acuerdo. Todo eso requiere solamente invertir una semana de trabajo y usar Internet. Diego, socio fundador de Body Health.

Sin embargo, aun en épocas como la actual donde las tecnologías de la información y las comunicaciones han avanzado vertiginosamente y se imponen como la principal forma de vinculación a distancia entre las personas –mensajería instantánea, videoconferencias vía web, redes sociales, etc.–, el desarrollo de negocios con clientes del exterior suele requerir de cierto contacto más personal. Bengt Johannisson, un profesor sueco de *entrepreneurship,* lo expresaba en sus clases cuando decía: "*networking is more than interneting*".

Exportar: jugar en primera

La apertura de un mercado externo es un hito empresarial trascendente en la carrera por el crecimiento de un emprendimiento. Esto es especialmente cierto cuando el mercado de destino permite acceder a grandes oportunidades de expansión. En ocasiones, la primera experiencia exportadora sirve además para reforzar la confianza en las posibilidades de desarrollo de la empresa. Diego, de Body Health, lo pone en sus propias palabras:

> *Haber exportado a Perú fue un hito porque nos mostró que si habíamos vendido a Perú antes que a Argentina era porque exportar no era difícil. Por más que todos dijesen que era una complicación. Entonces, si yo había podido exportar sin haberme esforzado demasiado, con haber trabajado un poco por Internet y hacer los trámites para estar inscripto como exportador, quería decir que había que mirar afuera con más seriedad y no adentro solamente. Ese momento fue un punto de inflexión.* Diego, socio fundador de Body Health.

En otros casos, un mercado puede ser estratégico porque exportar a ese país constituye una seña de confiabilidad hacia otros actores ante los cuales se carece de reputación. La experiencia muestra que el desarrollo del negocio exportador tiene fuertes similitudes con un *start up,* en el sentido de que requiere volver a construir reputación en nuevos mercados. En consecuencia, tener un cliente en un mercado internacional exigente suele ser fundamental para la vida exportadora de la empresa. Además, las primeras exportaciones suelen constituir una fuente de aprendizaje de vital importancia para dar pasos más ambiciosos después.

Para MaqTec, exportar a Australia significó, además de terminar de poner en marcha el proyecto a nivel técnico y comercial, la posibilidad de convencer a los potenciales clientes argentinos que hasta ese momento no confiaban en el producto de la empresa. Luego ayudó a abrirse paso en mercados clave como España y Portugal. Otro tanto ocurrió cuando Core Security logró venderle a la NASA y a la Casa Blanca, o cuando Body Health consiguió entrar en el mercado español. Para Drillco, el ingreso en el mercado estadounidense significó tener que mejorar sus martillos perforadores, lo cual impactó también en el perfeccionamiento de las prestaciones generales de los equipos ofrecidos.

En ciertos casos, aunque no siempre, también puede ayudar tener de clientes a filiales locales de firmas multinacionales, las que pueden servir como potenciales fuentes de información y referencias en terceros mercados.

Un driver clave del desarrollo exportador es el abordaje estratégico de potenciales clientes con mirada de mediano y largo plazo. Es muy importante proyectar la imagen de continuidad, que se perciba que del otro lado del mostrador hay un proveedor serio que llegó para quedarse y que cuenta con capacidad técnica, compromiso y solidez financiera para atender a sus necesidades y para dar solución a las dificultades que pudieran presentarse. En el mundo de la innovación, esto es particularmente relevante, dado que muchas veces es limitada la posibilidad de saber de antemano cómo resultará un proveedor y existen menos alternativas de aprovisionamiento para las empresas. José, de MaqTec, nos cuenta la experiencia con clientes de Australia y Estados Unidos.

Los anglosajones funcionan sobre el "Confío en vos" y finalmente cuando vivís en el mundo de los negocios, te das cuenta que es así. Todo, lo más fuerte que vos tenés es el crédito, si te creo o no te creo. Después viene todo lo demás. Podés inventar los instrumentos que quieras. Pero la confianza es fundamental y los anglosajones funcionan sobre esa base. Es decir, esto de que te creo a vos, estás acá, tengo tu teléfono, te vi, me lo contaste, me parece razonable... Bueno, decime ahora: ¿Cómo hacemos para que esto funcione? José, Chief Business Developer de MaqTec.

Selección de mercados externos

Una vez generadas las primeras exportaciones, las empresas comienzan a desplegar un conjunto de estrategias comerciales para profundizar su inserción externa. Las nuevas empresas dinámicas basadas en la innovación suelen contar con estrategias exportadoras claramente ofensivas. No se trata de intentos esporádicos de colocar productos cuando el mercado local está en crisis, sino de desarrollar una empresa que opere a escala regional o global en forma permanente. Este crecimiento exportador conlleva un conjunto de desafíos, pero también elevadas recompensas cuando es llevado adelante con éxito.

Aun cuando muchas veces las ventas al exterior comienzan ante la llegada de una orden inesperada, la elección de los mercados a los que se apunta es clave. En este sentido, al menos hipotéticamente, no hay un único camino exportador posible. Una primera alternativa es buscar penetrar mercados menos exigentes e ir evolucionando y desarrollar capacidades para luego ingresar a otras plazas más complejas. Latinoamérica, por cercanía geográfica, cultural y condiciones de entorno similares, aparece como una alternativa tentadora para muchas empresas que ven a la región como un espacio de entrenamiento para luego ir a jugar en las grandes ligas.

La segunda opción es atacar los mercados más complejos primero, para avanzar más rápidamente en la carrera competitiva. Este es el punto de vista de Miguel, de Technisys, a partir de su propia experiencia.

En primer lugar, si yo tuviera que empezar una empresa de nuevo la pensaría realmente para el mercado que le corresponde. Por ejemplo, en 1996, cuando Internet Explorer no existía y nosotros recién arrancábamos, hubiera sido interesante lanzar el Internet Banking en Estados Unidos y no acá en la Argentina. Cuando estás en el mundo high-tech *el reloj te apura, mientras vos lo estás probando hay otro que lo está haciendo en el mercado* target. *Hay muchos que dicen que es bueno probar el producto en el mercado controlado. Yo prefiero tomar un poco más de riesgo en la etapa de lanzamiento, pero en tecnología, si querés jugar en primera tenés que estar en primera desde el día cero.* Miguel, socio fundador de Technisys.

No obstante, aun cuando estas estrategias pueden planificarse antes de direccionar los esfuerzos de la empresa para conquistar un mercado externo, el proceso de internacionalización emprendedora mantiene rasgos oportunistas y se buscan capitalizar las posibilidades de negocio que van apareciendo de manera inesperada. Se trata de un proceso en el cual lo estratégico y lo emergente se entrecruzan y conviven. Por lo tanto, la composición de los destinos de exportación suele evidenciar niveles de diversificación mayores de lo que a priori cabría imaginar.

Aun así, es posible identificar algunas variables clave a considerar a la hora de elegir un mercado. Una combinación de estos factores, sumada a situaciones emergentes, contribuye a comprender el proceso de internacionalización de estas firmas.

VARIABLES A CONSIDERAR EN LA SELECCIÓN DE MERCADOS EXTERNOS

- ✔ Tamaño del mercado y condiciones de la demanda (potenciales y piso de requerimientos iniciales).
- ✔ Cercanía geográfica y cultural.

- ✔ *Track record* de la empresa compatible con el desarrollo en ese mercado.

- ✔ Barreras regulatorias y costos de satisfacerlas.

- ✔ Efecto de señalamiento de ese mercado como activo para ingresar rápidamente a otros.

- ✔ Inversiones necesarias en adaptaciones y ajustes del producto o servicio.

Fuente: elaboración propia en base a casos relevados.

En principio, cuando el primer cliente pertenece a un mercado de gran escala que brinda amplias posibilidades, parece lógico profundizar la inserción aprovechando el *track record* generado en esa plaza. Otros elementos vinculados al tamaño del mercado son la cantidad de potenciales clientes y la intensidad de la competencia. También el grado de estabilidad macroeconómica del país de destino, ciertamente, influye sobre la estabilidad y sostenibilidad de la demanda.

Cuando las regulaciones del mercado son muy elevadas quizás sea más conveniente comenzar por aquellos que no tienen tantos requisitos de ingreso hasta tener las capacidades adecuadas[31] y poder superar las barreras de entrada a los mercados más exigentes.

En algunos casos, la diversificación geográfica se explica por la inversión necesaria para ganar posiciones en segmentos de ese mercado, que pueden ser superiores a la que demanda el ingreso a una nueva plaza. Un caso concreto es cuando se avanza en un país que supone conquistar clientes más exigentes y hacen falta inversiones específicas para satisfacer requerimientos adicionales en materia de productos o servicios. Las empresas evalúan este tipo de variables a la hora de definir sus mercados de exportación.

En este sentido, resulta ser un factor influyente en la selección del mercado las inversiones necesarias para abrir esas plazas. No solo aquellas destinadas a la apertura de oficinas, contratación de personal e inversión en publicidad, sino también en cuanto a la factibilidad de vender el producto o servicio en su configuración actual. Como se dijo en el Capítulo 3, hay que tener en cuenta que la experiencia de estas empresas parece indicar la necesidad de efectuar

---

[31] Ello puede suponer, por ejemplo, contar con un nivel muy elevado de tecnificación o escalas de producción elevadas que no siempre es posible alcanzar en los comienzos de la empresa.

adaptaciones y ajustes a las demandas de los clientes las cuales varían en función del mercado. Además de requerir recursos monetarios, conllevan tiempo y dedicación del personal y demoran el inicio de la venta.

Asimismo, la inversión en viajes a exposiciones y ferias, la visita a potenciales clientes, el envío de muestras, folletería, catálogos, entre otras erogaciones, fluctúan en función de la cercanía geográfica con el mercado. En pocas palabras: considerar las inversiones necesarias para ingresar es una tarea a encarar a la hora de desarrollar nuevos mercados. Acceder a esta información no siempre es posible sin contactar clientes.

En otros términos: a la hora de seleccionar mercados las nuevas empresas suelen analizar –a veces de modo informal e intuitivo– la relación costo-beneficio del esfuerzo para ingresar y sostener la posición comercial en el mediano y largo plazo.

Como se ve en el esquema, estas variables deben ser evaluadas con la perspectiva de las capacidades de cada empresa para enfrentar los desafíos competitivos y para superarse; es decir, de sus capacidades dinámicas. La decisión de ingresar al mercado debe contemplar los equilibrios/desequilibrios existentes entre las dimensiones. Sin embargo, este balance debe realizarse con una perspectiva dinámica. Si las empresas considerasen solo su situación inicial para tomar la decisión de ingresar a los mercados más complejos, probablemente nunca asumirían ese desafío.

También resulta importante analizar algunas diferencias idiosincrásicas que poseen los mercados, es decir, comprender cuáles son los principales drivers que contribuyen a abrir nuevas plazas, que no son los mismos en todos los países. Por ejemplo, la experiencia muestra que el comprador norteamericano y el latinoamericano presentan diferencias. En el primer caso, la documentación del producto y tener un prototipo o un demo son esenciales para comenzar a entablar un vínculo comercial fructífero. Mientras que, en Latinoamérica, es más relevante entablar un vínculo personal con quien define la compra. Explorar estas particularidades puede ayudar a orientar el proceso de salida al exterior. Identificar otras empresas con experiencia en esos mercados con las cuales se pueda interactuar para aprender, es una práctica saludable que muchas firmas llevan adelante.

ESQUEMA PARA LA SELECCIÓN DE MERCADOS EXTERNOS

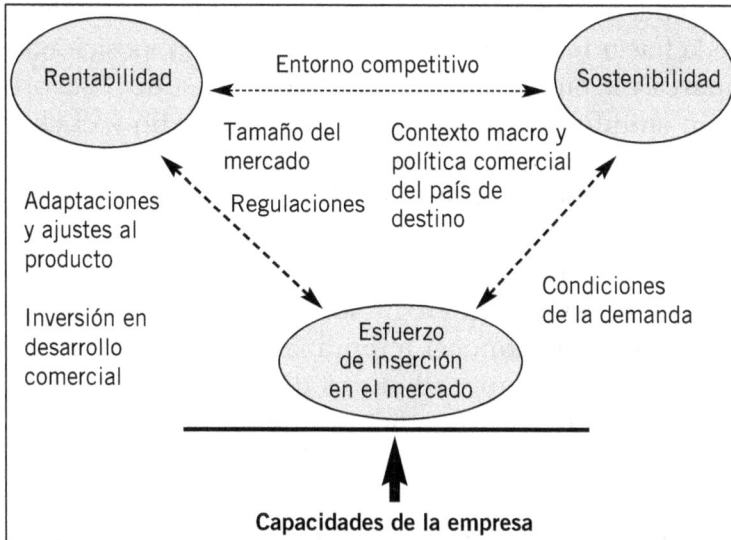

Fuente: elaboración propia en base a casos relevados.

Selección de canales de exportación

Otra decisión clave se refiere a la modalidad con la cual la empresa va a exportar. Si bien se trata de un tema complejo, en esta sección se presentan algunas cuestiones relevantes que no pretenden agotar el tema.

Una forma muy común de exportar es vender de manera directa, concentrando todos los esfuerzos en las iniciativas de la propia empresa. También es muy usual hacerlo a través de distribuidores. En este caso, saber seleccionar un buen distribuidor es fundamental para insertarse en el mercado. Además, la empresa tendrá que desarrollar acciones de marketing dirigidas tanto al distribuidor como al cliente final. Vender a distribuidores no consiste solamente en enviarles la mercadería y esperar el cobro. Es necesario desarrollar esfuerzos de marketing y herramientas de comunicación "llave en mano" (folletería, videos institucionales, demostraciones del producto, catálogo, etc.) para que el distribuidor pueda hacer una buena entrega a los clientes, posicionando la marca y la empresa en el mercado de destino. Esta orientación simultánea hacia el cliente intermedio y el cliente final es fundamental en la venta a distribuidores. No resulta conveniente, por el contrario, descansar exclusivamente en los esfuerzos comerciales del distribuidor.

Al inicio, naturalmente, los grados de libertad de las nuevas empresas para elegir son más limitados. De todas formas, es bueno conocer tempranamente algunos criterios que aplican los emprendedores dinámicos. Por ejemplo, Diego, de Body Health, a la hora de seleccionar un distribuidor suele fijarse en su nivel de llegada al mercado y muy especialmente en su compromiso para invertir en promocionar no solo sus productos, sino también a la empresa ya que, según sus propias palabras, en el mundo de la innovación "los productos cambian pero las empresas quedan".

Para ello, es necesario desarrollar un contacto activo y permanente para monitorear las ventas, recibir *feedback* sobre el producto, su uso y las críticas de los usuarios finales. En el caso de que el negocio no esté funcionando como se esperaba, la interacción debe servir para comprender con celeridad qué elementos de la estrategia de marketing no están funcionando. Al ser el distribuidor el contacto con el cliente, se constituye en la principal fuente de información del mercado para la empresa. Un vínculo efectivo requiere invertir en esa relación.

En particular, cuando el distribuidor es otra pyme, es altamente recomendable entablar contacto directo con sus dueños para generar una relación comercial personalizada. Una combinación de contacto frecuente a través del correo electrónico, teléfono y viajes esporádicos es la forma observada en la práctica de las empresas dinámicas. Se trata ni más ni menos que de construir un vínculo cercano con quien será el principal socio local de la empresa en ese mercado.

Resulta clave nutrir este vínculo y visitarlos al menos en la exposición o evento internacional más importante al que asistirán. Los emprendedores entrevistados destacaron la importancia de los encuentros por fuera de los ámbitos tradicionales de negocio. Las cenas y los momentos recreativos separados de la agenda comercial distienden y ayudan a conocer mejor a las personas, a profundizar y construir relaciones de confianza.

Por otra parte, a la hora de diseñar las acciones de marketing conviene interactuar con los clientes y analizar a la competencia. Aun así, a veces puede requerirse del concurso de especialistas, dado que no siempre lo que funciona en un país es aplicable a otro. Por ejemplo, para Technisys, el ingreso al mercado norteamericano y español supuso cambios muy fuertes en su forma de comercializar.

> *Determinadas cosas que se pueden hacer en un mercado en el cual ya te conocen y saben que sos bueno, hacen que a veces te quedes en una zona de confort. Cuando te vas afuera y no te conocen, te das cuenta que debiste romper el paradigma de la comodidad con la cual ya venías y tenés que preocuparte por diseñar un buen demo o preparar presentaciones en eventos de marketing. Así y todo no es fácil. Nos costó muchísimo, y de hecho acabamos de contratar gente especializada para que nos haga toda la parte de marketing para poder entrar al mercado norteamericano.* Adrián, socio fundador de Technisys.

La exportación directa o la que se hace vía distribuidores no son las únicas opciones para vender en otros mercados. En ocasiones, las empresas eligen internacionalizarse a través de algún tipo de presencia directa en destino (filiales, oficinas, alianzas con empresas locales, etc.). Este fue el caso de Trabajando.com, que decidió replicar su modelo de negocios en Brasil y Argentina a través de su socio Universia.com; de Body Health, mediante su alianza con una empresa polaca, o de Core, con sus oficinas en Boston.

La experiencia de los emprendedores dinámicos parece indicar que este tipo de estrategia es aconsejable, por ejemplo, cuando un mercado es poco transparente, cuando hay especificidades locales que solo pueden ser captadas de esta forma, cuando resulta difícil encontrar o interesar a distribuidores comercialmente activos, cuando existen desventajas (de información, culturales, barreras regulatorias) para las empresas que intentan vender desde el exterior o cuando se trata de un mercado que desconfía de los productos provenientes de países menos desarrollados.

La dificultad de encontrar buenos distribuidores y de efectuar acuerdos convenientes para ambas partes hace que, en algunos casos, las empresas se decidan a establecerse en el exterior. Claudio, de BioScience, comenta al respecto:

> Cuando decidimos instalarnos en Venezuela ya habíamos vendido 20 o 30 unidades, y el mercado, de alguna forma, nos exigía estar. No encontrábamos buenos distribuidores, probamos con varios y no teníamos éxito. La dificultad era básicamente la formación, encontrar distribuidores que entendieran el producto y supieran comercializarlo. Pero además el negocio nunca termina siendo tuyo. Lo que pasaba era que al distribuidor se lo vendíamos a 10 y él lo vendía a 40, y hacíamos cinco operaciones al año. Ese esquema no nos servía a nosotros.

Además, cuando el mercado de destino es muy grande la distribución de los productos puede estar muy atomizada en función de cada región geográfica –por ejemplo, en el mercado norteamericano–, lo que dificulta establecer políticas de distribuidores. En esos casos, puede ser conveniente centralizar la atención de ese mercado en una oficina comercial de la empresa en ese destino que pueda tomar los pedidos y ejecutar las acciones de marketing a nivel local.

Pero esto solo no alcanza, y de la experiencia de las empresas se desprenden un conjunto de aspectos a considerar a la hora de tener presencia directa en el exterior. A continuación se mencionan algunas de ellas:

ASPECTOS BÁSICOS A CONSIDERAR PARA ABRIR UNA POSICIÓN CON PRESENCIA DIRECTA EN EL EXTERIOR

- ✓ **Radicación en el país de destino de uno de los socios al inicio, viajes permanentes una vez consolidado el mercado.** Considerar esta tarea como el inicio de otro *start up*. Será necesario el involucramiento de uno de los socios del equipo desde el comienzo. Superada esta etapa de lanzamiento, es posible implementar viajes frecuentes, una vez que la filial pueda ser delegada en otras personas.[32] A la hora de pensar en emprendimientos innovadores dinámicos, esta alternativa debe considerarse tempranamente por parte del equipo fundador.
- ✓ **Contratar expertos locales para conocer el mercado.** La contratación de consultoras del país de destino para la realización de investigaciones de mercado también parece fundamental para comprender las particularidades del país de destino.
- ✓ **Contratar personal oriundo del país de origen.** Es una práctica recomendable, pues son la cara visible del emprendimiento en el contacto con los clientes. También aquí es útil contratar profesionales expertos para identificar y seleccionar los perfiles de recursos humanos necesarios para llevarlo adelante y para dimensionar las inversiones a efectuar.
- ✓ **Aprovechar los recursos humanos connacionales que residan en el exterior.** Convocar a la diáspora de profesionales en otros países para la apertura de filiales puede ser una política sumamente útil. La cercanía cultural de estos profesionales con la empresa es un plus por su localización y conocimiento del mercado de destino.

Fuente: elaboración propia en base a casos relevados.

---

[32] Sin embargo, a veces, la permanencia en el exterior excede el tiempo necesario para estabilizar un *start up* en el mercado local, e inclusive, en algunos casos es demandada por los propios clientes.

A continuación, se resumen las lecciones de esta sección con algunas claves para la internacionalización exitosa:

ALGUNAS PRÁCTICAS EXITOSAS

- ✓ **Transmitir confianza a través del contacto "cara a cara" y de una imagen corporativa son claves al inicio de la relación.** Más importante todavía que en el desarrollo de un cliente local, ya que la posibilidad de generar vínculos personales es más esporádica.
- ✓ **Mostrar el _track record_.** No hay mejor publicidad que clientes satisfechos que puedan recomendar a otros clientes: para la exportación es necesario conseguir clientes de renombre internacional o de mercados dinámicos para que tengan peso específico como "abrepuertas" en otras latitudes. La clientela local no siempre es un activo en el exterior.
- ✓ **Viajar.** Las ferias y eventos comerciales son nodos fundamentales donde está la información y los jugadores clave de la industria. Las visitas a potenciales clientes son esenciales para cerrar negocios.
- ✓ **Ampliar las redes.** Lo que era válido para el mercado local, lo sigue siendo y con más importancia en el exterior. Aquí generalmente está todo por construirse ya que probablemente la base de contactos sea nula o limitada.
- ✓ **Considerar a los distribuidores como aliados estratégicos.** Para la exportación de productos que requieran distribuidores es clave considerarlos como aliados. El desarrollo de marketing y comunicación "llave en mano" permite que cada distribuidor posicione la marca en el mercado de destino. A la hora de elegirlos, conviene evaluar su nivel de llegada al mercado, las marcas del mismo rubro que vende y su mayor o menor orientación a invertir en la propia.
- ✓ **Considerar que cada mercado es un _start up_ comercial.** Entrar a nuevos mercados supone desarrollar inteligencia comercial ajustada a la idiosincrasia local. El marketing, la publicidad y los canales de comercialización pueden sufrir modificaciones en función de cada país o región –y generalmente así ocurre–. No considerar las especificidades puede significar incurrir en pérdidas. En mercados grandes, regionalizados y de mayor complejidad, establecer oficinas en el lugar o desarrollar alianzas con empresas locales pareciera ser imprescindible para una inserción comercial exitosa. Será necesario investigar el mercado, la permanencia de un socio dedicado tiempo completo y la contratación de personal en el extranjero.

Fuente: elaboración propia en base a casos relevados.

Preguntas y ejercicios para seguir aprendiendo

Para emprendedores

1. ¿Qué implica para la agenda estratégica de una nueva empresa innovadora la comercialización en mercados externos? ¿Qué desafíos le plantea? ¿Qué beneficios le promete? ¿Qué ventajas y desventajas trae una inserción externa temprana?

2. ¿En qué medida la orientación internacional es parte de su proyecto empresarial desde sus inicios? ¿A qué se debe?

3. ¿Cuáles son las razones internas y externas a la empresa que obstaculizan su actividad exportadora?

4. ¿Cómo ha sido el proceso de selección de destinos y canales de exportación en los emprendimientos innovadores dinámicos? ¿Qué criterios han tenido en cuenta? ¿En qué medida coincide con lo que usted tenía en mente a partir de su propia experiencia/conocimientos? ¿Encuentra diferencias aleccionadoras?

Para docentes e investigadores

1. ¿Qué factores inciden en el grado de orientación internacional de los emprendedores? ¿En qué medida los emprendimientos innovadores orientados al mercado externo tienen características diferentes de sus pares orientados principalmente al mercado doméstico?

2. ¿Cuáles son las principales competencias y habilidades desplegadas por los emprendedores innovadores para acceder y comercializar en mercados externos? ¿En qué medida los programas de capacitación incluyen estas cuestiones debidamente? Construya una lista con oportunidades de mejora.

3. ¿De qué factores depende la precocidad con la que salen a exportar las nuevas empresas? ¿En qué medida incide el azar? ¿Cuál es el lugar de la estrategia?
4. ¿Cuál es el rol que juegan las redes de contacto en el proceso de internacionalización? ¿Cómo es el proceso de construcción de redes en el exterior en el caso de los emprendedores innovadores? ¿Qué lecciones se podrían extraer para el desarrollo de programas de capacitación en la materia?
5. ¿Cuál es el rol que juegan las redes de carácter más formal (alianzas) en el proceso de internacionalización temprana de las empresas innovadoras? ¿Qué lecciones se podrían extraer para el desarrollo de programas de capacitación en la materia?
6. ¿En qué medida las currículas para formar profesionales especializados en comercio internacional contemplan las especificidades de las nuevas empresas innovadoras dinámicas? ¿Qué ideas de mejora se le ocurren en este plano?
7. ¿Qué preguntas de investigación se le ocurren a la luz de los contenidos del capítulo?

Para responsables de programas y profesionales de apoyo

1. Lograr la primera exportación es un paso decisivo para internacionalizarse. ¿Cuáles son las principales trabas que enfrentan los emprendedores para lograr esa primera exportación? ¿Qué lecciones se pueden extraer para el diseño o revisión de programas de apoyo a emprendimientos?
2. A la luz de la lectura del capítulo, ¿cree que se justifica montar un programa específico para promover la internacionalización temprana de las nuevas empresas innovadoras? ¿Por qué? En caso afirmativo, ¿cuáles deberían ser sus principales acciones e instrumentos?

3. ¿Cuáles son las principales fuentes de información que utilizan los emprendedores innovadores para salir al exterior? ¿Qué instrumentos existen para apoyarlos en estas acciones? ¿Se pueden pensar otros instrumentos para facilitar el acceso de los emprendedores a información relevante para exportar?

4. La participación en ferias y eventos internacionales constituye un punto de referencia muy importante para iniciar o consolidar la actividad exportadora. ¿Qué tipo de programas existen para fomentar la participación de emprendedores innovadores en ferias o exposiciones? ¿Qué aspectos cubre? ¿Qué aspectos aún no están cubiertos y pueden dar origen a nuevos instrumentos? ¿Existe experiencia internacional en la materia? ¿Qué resultados tienen? ¿Cómo trabajan?

CAPÍTULO 6

LA GESTIÓN DE RECURSOS HUMANOS

- *¿Cómo superar las dificultades de las nuevas empresas para acceder a recursos humanos calificados?*
- *¿Cómo buscar y seleccionar recursos humanos calificados?*
- *¿Cómo construir el equipo de trabajo fundacional?*
- *¿Cuáles son las políticas de captación y retención de personal más efectivas?*
- *¿Cuáles son las prácticas que mantienen motivado al equipo de trabajo?*

El acceso a recursos humanos calificados

Un componente diferencial de las empresas innovadoras de rápido crecimiento es la elevada presencia de personal con alto nivel educativo e intenso compromiso con el proyecto. Contar con este perfil les plantea fuertes desafíos. En estudios previos,[33] más del 50% de las nuevas empresas dinámicas manifestó haber tenido dificultades para contratar personal calificado en sus inicios, problema que persistía para una porción importante de las mismas más allá de su tercer año de vida.

Así como un cliente puede percibir riesgos en comprarle a una nueva empresa, lo mismo ocurre con las personas que están en la búsqueda de empleo. La batería de variables que evalúan las personas al considerar diversas ofertas laborales es amplia, y el salario es una variable relevante en un sentido dinámico. Es decir, las personas no eligen un tra-

---

[33] Kantis, H.; Angelelli, P. y Moori-Koenig, V.: op. cit.

bajo solo por el salario que cobrarán hoy, sino también por el que potencialmente podrían percibir en los próximos años si su desempeño fuera satisfactorio. Además, hay otras variables que tienen que ver con la obtención de beneficios no monetarios (régimen vacacional, clima laboral, esquema de trabajo flexible, realización de viajes, etc.) que también son evaluadas por los postulantes.

Además, están los beneficios indirectos derivados de pertenecer a una organización, como por ejemplo, la posibilidad de ser reconocido socialmente por los demás por trabajar en una empresa de buena reputación o de entablar vinculaciones con personas influyentes en otros ámbitos que pueden ayudar al desarrollo de una carrera profesional ascendente. El deseo de formarse y aprender en una organización reconocida como formadora también es un elemento considerado por los postulantes.

Teniendo en cuenta estas variables, la posición relativa de las nuevas empresas en el mercado laboral se puede resumir en los siguientes aspectos:

- Tienen menores posibilidades de competir vía salario en los inicios en comparación con las empresas de mayor trayectoria y envergadura.
- Su escasa reputación y trayectoria las hace menos atractivas debido a la incertidumbre acerca de sus ingresos futuros.
- Tienen un elevado riesgo en lo que atañe a la continuidad en los primeros años de vida, poniendo en duda la futura estabilidad laboral.
- En principio, pueden aparecer como ámbitos de formación profesional menos atractivos respecto de compañías ya consolidadas.

Además, las empresas innovadoras tienden a requerir personal con elevado nivel educativo, cuya oferta en algunas ramas técnicas no suele abundar.[34] Ello demanda ajustar el perfil buscado a la situación del mercado, optando en muchos casos por estudiantes avanzados en lugar de profesionales recibidos, debiendo destinar recursos de la empresa para terminar de formarlos en los puestos de trabajo.

En vista de las dificultades señaladas –muchas de ellas producto de conductas basadas en percepciones y de asimetría de información entre el postulante y la nueva empresa– cobra particular importancia comprender cómo las firmas jóvenes e innovadoras suelen enfrentarlas.

El equipo fundacional

Una característica de los emprendedores orientados al crecimiento es su vocación por rodearse de gente talentosa, sobresaliente en alguna de sus actividades, personas a quienes les otorgan autonomía y en cuyo criterio confían. Este es el combustible clave para el desarrollo de una organización innovadora.

A sabiendas de su desventaja para contratar a estos talentos en el mercado vía mejores salarios, los emprendedores innovadores dinámicos suelen ofrecer un paquete de beneficios atractivos y seducen a los mejores brindándoles espacios de experimentación e independencia que difícilmente podrían conseguir en otros ámbitos, al menos en la etapa profesional en que son reclutados. Por eso esta política es más efectiva para la captación de jóvenes talentos. A la hora de contratar empleados con mayor trayectoria y experiencia

---

[34] En diversas ramas de ingeniería y otras carreras vinculadas a las ciencias duras, en los últimos años se ha verificado un déficit de profesionales marcado en relación con la demanda de las empresas, lo que dificulta estructuralmente el acceso a recursos humanos calificados.

suele ser necesario atar algún beneficio monetario adicional variable, es decir, contingente.[35]

Pero además del grado de autonomía, un arma de seducción fundamental es el nivel de protagonismo que pueden conseguir rápidamente.[36]

En secciones anteriores comentábamos acerca de la vocación de los innovadores dinámicos por sumar talentos. En este sentido, es posible identificar al menos dos anillos de colaboradores según su momento de incorporación y participación en la etapa emprendedora. Es bastante común que el primer anillo de colaboradores sea contratado para cumplir roles fundacionales en la etapa de *start up* del proyecto, mientras que a partir de la "segunda ola" suelen convocarse perfiles más específicos para delegar responsabilidades.

Con frecuencia, su incorporación se basa en algún mecanismo de asociación –siendo muchas veces socios minoritarios–, lo que implica la ampliación del equipo emprendedor. Esta situación es más común cuando se trata del primer anillo de colaboradores. En la mayoría de los casos, los perfiles requeridos para impulsar la empresa suelen encontrarse ocupados en otras empresas o en proyectos personales, por lo que seducirlos es una tarea compleja.

CONVOCANDO A LOS COLABORADORES FUNDACIONALES

Diego y Fernando, de Body Health, convocaron a dos colegas para que integraran el equipo emprendedor con dedicación parcial mientras mantenían en paralelo sus puestos de gerentes en otras empresas durante todo el primer año de la empresa. Conscientes de la importancia estratégica que tenía para el

---

[35] Bonos anuales o participación en las ganancias de la empresa son algunas prácticas observadas.
[36] Muchas veces utilizan la compañía como un ámbito de formación para luego fundar empresas propias, especialmente en la industria de TICs.

proyecto poder contar con ellos, decidieron darles una participación minoritaria en el capital de la empresa. Una vez que el emprendimiento comenzó a generar ingresos suficientes como para poder igualarles el salario que cobraban en sus respectivos trabajos, se dedicaron a Body Health en forma exclusiva. Sergio López, fundador de Intellisoft, comenta que para lograr la captación y retención de expertos dentro del emprendimiento es importante asociarlos a la firma, aunque sea con una participación accionaria mínima que logre motivarlos y los comprometa con el proyecto empresarial.

En el caso de Technisys, la incorporación de dos gerentes de IBM fue clave para impulsar el *start up*. Ellos también les ofrecieron una participación en la empresa, pero además fue muy importante la coincidencia del nuevo proyecto y su momento de vida particular. Estando ambos próximos a retirarse, era muy atractiva la idea de sumarse a un nuevo proyecto, más flexible, liderado por gente cuya capacidad conocían.

En Three Melons, el motor motivacional fue la clave. Las energías, la convicción y capacidad que transmitió Mariano a Patricio, Pablo, Augusto y Nicolás a la hora de convocarlos estuvieron acompañadas de la expectativa de asociarlos en el tiempo. A su vez, ellos supieron contagiar a otros jóvenes talentos que conformaron un grupo de trabajo sólido de alto potencial. Pero la gestión de la convocatoria de talentos asume formas diversas. Por ejemplo, en Biocancer, los socios decidieron convocar tempranamente a Carlos Guimarães como CEO para que desarrollara la función comercial y estratégica de la empresa, una elección fundamental que permitió conectar su conocimiento tecnológico con el mercado. En Drillco, al año de iniciarse sus actividades, Rodrigo Carmona formó un grupo de desarrollo integrado por ingenieros liderados por un reconocido académico del departamento de Ingeniería Mecánica de la Universidad Católica de Chile.

Fuente: elaboración propia en base a casos relevados.

Otro denominador común de los emprendedores innovadores es el atractivo que, en sí mismo, ejercen los productos y servicios a desarrollar para el personal. La sensación de estar haciendo historia y de mover la frontera tecnológica es definitivamente un elemento muy seductor para incorporar talentos. Cuando ello va acompañado de un esquema de participación en los beneficios futuros de la empresa y de cierto nivel de confianza entre los miembros del equipo, la probabilidad de conseguir el personal clave es notoriamente mayor.

Es importante destacar que, por lo general, estas personas eran contactos directos o indirectos que formaban parte de la red del equipo emprendedor. Un ejercicio altamente recomendable cuando se hacen las primeras contrataciones es identificar a personas con habilidades y valores comunes que puedan sumarse al proyecto con un alto nivel de compromiso personal.

La búsqueda y selección de recursos humanos calificados

A medida que la empresa va operando, va surgiendo la necesidad de reclutar personal para diversas áreas: desarrollo de producto, ventas y administración son generalmente las que más crecen en esta etapa.

La tendencia a buscar candidatos a través de la red de contactos, conocidos y amigos es elevada. De esta forma, las recomendaciones constituyen una vía para acceder a personas que tengan los valores y el compromiso requerido, ayudando a construir confianza y sentido de equipo. Sin embargo, esta modalidad de búsqueda debe estar complementada por una adecuada evaluación técnica basada en una clara definición previa de las especificaciones del puesto. Dada la trascendencia que tienen los recursos humanos en el desempeño de las nuevas empresas, acertar en estas definiciones es fundamental para construir una organización dinámica.

Pero la red de contactos como fuente de talentos no es inagotable, aun cuando también pueda incluir las recomendaciones de los propios empleados. Entonces comienza a ser necesario desarrollar capacidades de búsqueda y selección de personal a través del mercado. Aun cuando se tercerice este proceso a través de una consultora especializada, estas capacidades son muy importantes para poder interactuar con los profesionales en los que se delega la tarea. Es que uno de los principales desafíos que tienen las empresas innovadoras de rápido crecimiento es transitar un proceso de desarrollo organizacional acelerado.

ASPECTOS CLAVE A TENER EN CUENTA AL INCORPORAR PERSONAL

- ✓ **Perfil necesario del personal a contratar**: capacidades y habilidades necesarias para desarrollar el trabajo, experiencia y formación relevantes.
- ✓ **Ámbitos / lugares posibles de reclutamiento**: los lugares donde suelen formarse y desarrollar capacidades las personas a contratar puede ayudar a una búsqueda dirigida.
- ✓ **Referencias**: para validar las capacidades y el compromiso de los candidatos.
- ✓ **Remuneración**: rango de valores con el que suele retribuirse en el mercado una posición similar.

Fuente: elaboración propia.

Por lo tanto, el proceso de selección requiere que alguien asuma su dirección y tenga en claro cuáles son las necesidades organizacionales desde una mirada transversal e integradora, que contemple no solo las capacidades técnicas y de gestión, sino también los valores y las habilidades interpersonales para vincularse con el resto de los miembros de la empresa. En otras palabras, alguien del equipo fundador debe participar activamente del proceso de selección, ya que se requiere comprender las necesidades de la organización.

Para muchos emprendedores tecnológicos asumir esta tarea implica una evolución muy importante, tal como en el caso de Miguel, de Technisys.

Yo tenía la cabeza puesta en la investigación, con el foco en innovar. El problema surge cuando al producto hay que posicionarlo, venderlo y continuar desarrollándolo porque no queda otra que crecer organizacionalmente pues no es posible ocuparse de todo, no es posible escalar el negocio de esa forma. Pero a mí me gustaba investigar, no me gustaba seleccionar gente y coordinar equipos de trabajo. Entonces, hay que autoconvencerse de que tenés que dejar "lo que te gusta" para empezar a hacer "lo que se necesita para crecer". Formar un buen equipo, probablemente sea el factor más importante para el éxito de una compañía. Miguel, socio fundador de Technisys.

En definitiva, aun cuando se decida contar con la asistencia de profesionales para disminuir errores en las contrataciones, la participación de uno o varios de los fundadores es imprescindible. Al menos hasta que se decida crear una gerencia de recursos humanos. Esto también es destacado por Rodrigo Carmona de Drillco y por los emprendedores de Biocancer.

En relación a los perfiles, Diego de Body Health comenta cómo fue el proceso de selección de personal. La intervención de un consultor en recursos humanos puede ser útil para adecuar necesidades y posibilidades de una empresa joven.

Nos encontramos con un problema a la hora de querer profesionalizar la empresa porque yo estaba acostumbrado a trabajar en una multinacional. Cuando le bajé el perfil al consultor me dijo: "El perfil que buscas, si buscas una persona con experiencia, que te vaya a dar todo el valor agregado para realmente hacer crecer más todavía esto, tiene que ser una persona de entre 35 y 40 años. Porque ya tiene que haber pasado por posiciones, tener experiencia. Si yo busco una persona de esa edad y con lo que se puede pagar, voy a buscar a una persona que tiene 35 años y en realidad no fue exitosa, se quedó estancada. Una persona que realmente llegó a ese lugar y tiene ese perfil y con esa edad y experiencia, va a salir el doble. Pero yo te podría buscar este perfil, aunque con menos experiencia que tengan entre 23 y 27 años, que estén en el primer o segundo trabajo, pero con todas las características y el potencial de una persona gerenciable". Entonces, yo iba a buscar un "pino" y lo que podía conseguir era un "pinito" que podía hacer lo mismo que la empresa necesitaba que hiciera. Y bueno, lo que buscamos, manteniendo siempre el perfil, fue siempre gente joven. Diego, socio fundador de Body Health.

En otras palabras cuando la empresa no puede pagar un recurso ya desarrollado debe evaluar la opción de apostar a gente más joven e invertir en ella. El caso de Body Health es muy frecuente entre los innovadores dinámicos: en empresas innovadoras jóvenes, predominan los equipos de trabajo jóvenes. La falta de experiencia puede suplirse con capacidades potenciales más esfuerzos de formación dentro de la compañía, algo que también se observa en casos como los de Biocancer y Wetland.[37]

Sin embargo, el éxito de esta estrategia requiere de un buen *mentoring* interno, es decir, de un proceso de seguimiento y monitoreo por parte de profesionales con experiencia para que puedan guiarlos y ayudarlos a desarrollar capacidades y entrenarse en sus tareas. En los inicios, este *mentoring* puede estar a cargo de alguno de los miembros del equipo fundador pero, a medida que el negocio crece, es necesario delegar. Miguel, de Technisys, comenta al respecto.

> *El* coaching *es fundamental. Quien diga que basta una gerencia con control remoto, miente. Uno de los roles más importantes del emprendedor es atraer, formar y motivar a un equipo de trabajo, especialmente en los inicios cuando no hay recursos para tomar gente con gran experiencia, aunque esto se mantiene así durante toda la vida de la compañía.* Miguel, socio fundador de Technisys.

Los ámbitos y lugares de reclutamiento varían en función de la industria. Los círculos informales de desarrolladores, en el caso del software, los foros de Internet, los institutos de capacitación especializados en la formación de

---

[37] Además, en los casos de empresas de TIC, reclutar personal con mucha experiencia –especialmente para el desarrollo de productos de software– puede ser contraproducente, ya que generalmente se requieren personas con capacidad de adaptación a esquemas de trabajo flexibles. No siempre la cultura organizacional de las empresas de las que provienen ayuda. Three Melons, Core Security, Technisys e Infoxel han tenido resultados muy satisfactorios con este esquema.

ciertos perfiles y los eventos de la industria son yacimientos importantes de recursos humanos calificados.

DÓNDE BUSCAR TALENTOS

- ✔ Red de contactos personales y comerciales.
- ✔ Vinculación con instituciones formativas, universidades y centros de investigación.
- ✔ Eventos, ferias, conferencias de la industria.
- ✔ Empresas asociadas a la cadena de valor de la empresa.

Fuente: elaboración propia en base a casos relevados.

La búsqueda e identificación de talentos es una práctica permanente en las nuevas empresas dinámicas, aun en los momentos en que todavía no existe la necesidad. Conscientes del crecimiento y sus necesidades futuras, suelen generar contactos y oportunidades por adelantado, que luego capitalizan cuando llega el momento oportuno. Se trata, en definitiva, de una conducta típicamente emprendedora: desarrollar contactos, identificar oportunidades, acceder a recursos y ponerlos en valor cuando la oportunidad lo requiere. Así lo expresa Pablo de Infoxel:

> *Una de las prácticas que recomendaría en la búsqueda de talentos es estar permanentemente alerta. La selección constante de personas para tu equipo, no solo cuando las necesitas, sino que se convierta en una actividad permanente. Entrenar el oído, el ojo y el sentido para que los 365 días del año se identifiquen personas para la empresa. Cuando buscas personas todo el año, detectas más rápido las extraordinarias. Luego, analizas cómo y dónde incorporarlos.* Pablo, socio fundador de Infoxel.

A medida que la empresa va ganando reputación y los emprendedores comienzan a ser reconocidos, la tarea se vuelve más sencilla. En el caso de Core Security, muchas veces son los propios talentos quienes "tocan el timbre" consultando sobre la disponibilidad de vacantes. Este momento, en el que la empresa comienza a ser buscada como lugar atractivo para trabajar, marca un hito en la historia de las

146

firmas jóvenes innovadoras. Emiliano, de Core Security, comenta al respecto:

> *En general lo que hacíamos era ir a dar charlas y conferencias a distintos lugares e identificar a gente que hacía preguntas interesantes o que nos caía bien. A veces íbamos a dar un seminario a la Universidad de Buenos Aires, por ejemplo un seminario sobre criptografía, y había tres chicos que hacían preguntas interesantes y conversábamos con ellos. Cuando teníamos que buscar gente hacíamos esto. Era una mezcla entre algo estratégico e intuitivo, y generalmente funcionaba bien.* Emiliano, socio fundador de Core Security Technologies.

Algunas empresas desarrollan vinculaciones con universidades. Technisys, Manejo de Desechos, Recycla Chile, Infoxel, Babel y Three Melons poseen convenios de pasantías con diversas instituciones educativas que funcionan adecuadamente. Estas pasantías son especialmente relevantes para las empresas cuyo rápido crecimiento los lleva a incorporar grupos de trabajadores.

Ciertas firmas incluso llegan a desarrollar acuerdos con instituciones del exterior. Recycla, por ejemplo, tiene vínculos con universidades estadounidenses, para recibir pasantes por un período de tres meses y la costarricense Babel, dedicada al desarrollo de software, firmó una alianza con la Escuela de Informática de la Universidad Politécnica del Ejército de Ecuador para contratar pasantes de esa institución debido a la escasez de perfiles informáticos en su país.

CAPTACIÓN Y FORMACIÓN DE TALENTOS A TRAVÉS DEL VÍNCULO CON LA UNIVERSIDAD. EL CASO DE TECHNISYS

Diego ingresó a la compañía cuando esta recién iniciaba actividades, y actualmente se desempeña como gerente del centro de desarrollo de Technisys en Tandil, provincia de Buenos Aires (Argentina), ciudad donde estudió y se graduó de Ingeniero en Sistemas. Durante varios años, se desempeñó en la sede central de la empresa en Buenos Aires como líder de proyecto para el desarrollo de software para bancos.

Fue en este puesto que comenzó a detectar una seria dificultad para atraer recursos humanos calificados. El tipo de proyectos que lideraba requería la contratación de ingenieros en sistemas y las universidades del área metropolitana de Buenos Aires no estaban supliendo la demanda del sector. Por su vínculo con la universidad en Tandil, sabía que se había intentado desarrollar un polo informático en 2005, pero que varias empresas habían fracasado en el intento.

Ese mismo año, Diego le propuso a su jefe instalar oficinas en Tandil, ya que le permitiría acceder a un espacio físico y servicios básicos mediante el pago de una cuota y la vinculación directa con la universidad para reclutar estudiantes avanzados de la carrera y jóvenes graduados. Luego de presentar un plan de negocios sobre los costos que demandaría instalar esta sucursal allí, logró convencer a la dirección.

Transcurridos cuatro años desde el comienzo de la iniciativa Technisys ha incorporado y formado técnicamente a 80 personas en la sucursal de Tandil, abriendo dos nuevas sedes de oficinas en esa ciudad. Esta iniciativa le permitió a la compañía reducir la brecha de recursos humanos que existía en el mercado laboral informático y disminuir sustancialmente los costos de reclutamiento, formación y capacitación de los recursos humanos.

La horizontalidad de la organización y la cercanía del personal con los fundadores fueron sin duda fundamentales para la consideración de la iniciativa. También el conocimiento del entorno local por parte de Diego y su trayectoria como líder de proyecto, lo cual facilitó la presentación del proyecto y su comunicación como algo novedoso y beneficioso para la empresa.

Fuente: elaboración propia en base a casos relevados.

Las vinculaciones con las universidades para resolver los problemas asociados a la gestión de talentos pueden incluso adquirir modalidades más sofisticadas. Tal es el caso de Analyte, una empresa argentina de software que encara sus proyectos de desarrollo en alianza con el Instituto de

Sistemas de Tandil, perteneciente a la Universidad del Centro de la Provincia de Buenos Aires. De esta forma, consigue capitalizar los recursos humanos de alto nivel que están aglutinados en torno a dicha institución.

Pero el espacio de las redes es aún más amplio. MaqTec, por ejemplo, pudo aprovechar sus vinculaciones con otras empresas de la zona de Venado Tuerto –proveedores de su anterior empresa– para reclutar personal calificado. Por otra parte, para el armado de la máquina en Australia seleccionó un plantel de ocho técnicos que trabajaban para una empresa proveedora, previa negociación con el dueño para contratarlos por tres meses.

Body Health también utilizó su red de contactos y convocó a técnicos y especialistas médicos para que estudiaran los avances en las aplicaciones médicas a la industria de la cosmética. En definitiva, las redes siguen jugando un papel muy importante para tener llegada a recursos humanos calificados durante la juventud de la empresa.

Cómo atraer y retener talentos

En los primeros tiempos, los socios juegan un papel clave para retener al personal, generar confianza en las perspectivas de crecimiento de la empresa y en las oportunidades que se abren para sus colaboradores. Es fundamental la "venta" del proyecto empresarial como un espacio propicio para la innovación y el desarrollo profesional, por ser esta una de las herramientas principales de que disponen para que la gente desee permanecer en el proyecto.

Contar con espacios de autonomía y posibilidades creativas es algo que puede resultar especialmente atractivo para jóvenes profesionales. En las nuevas empresas, el contacto con tareas de mayor complejidad y responsabilidad ocurre a un ritmo mayor que en la mayor parte de las firmas ya consolidadas. Además, el trabajo por proyecto y objetivos suele ser más motivador que los esquemas más rígidos basados en el control de horarios. Es clave la existencia de un clima de trabajo informal y horizontal en el cual, la creatividad, la innovación y la autonomía son valores compartidos por todos.

Los innovadores dinámicos se esfuerzan en mantener al personal motivado, generando un clima laboral agradable y una cultura organizacional horizontal. El acceso y contacto con quienes toman las decisiones de la empresa es algo que se mantiene con el transcurso de los años, incluso en aquellas que alcanzan los tres dígitos en el número de empleados. De esta forma, se estimula un fuerte nivel de compromiso con la empresa.

Lograr un ambiente innovador y de apertura también es muy importante. El *lay-out* de las oficinas e instalaciones de la empresa pone de manifiesto este estilo organizacional contribuyendo a la comunicación y transparencia entre los equipos. Para las áreas que deben realizar esfuerzos creativos y desarrollar productos, por ejemplo, es común encontrarse con espacios abiertos donde es más sencillo compartir información, efectuar consultas cara a cara y juntarse a discutir ideas. Muchas veces, los mismos responsables de área están insertos en esos espacios, reforzando la horizontalidad y el sentido de integración a la empresa.

Para los perfiles de vendedores que se formaron en ramas duras del conocimiento, es importante comunicarles y asegurarse de que seguirán estando actualizados en cuanto a nuevos desarrollos, pudiendo interactuar frecuentemente con las áreas de investigación y desarrollo. Lo valorarán como fuente de aprendizaje y serán también mucho más efectivos a la hora de volcar sus esfuerzos a la tarea.

Los beneficios indirectos también son herramientas efectivas para retener talentos y funcionan transversalmente para todos los perfiles. Por ejemplo, en Three Melons, superados los seis meses de antigüedad, rige un esquema de tres semanas por año de vacaciones para todo el personal. También la posibilidad de viajar y tener contacto con otras culturas en el resto del mundo son argumentos muy atractivos. La asistencia a ferias y eventos internacionales, la visita a distribuidores y clientes en otras latitudes, y el contacto permanente a distancia vía e-mail o teléfono con gente de otros países son factores motivadores para las personas. Cuando la empresa cuenta con proyección internacional, teniendo una escala pyme, las posibilidades de acceder a estas ventajas son importantes.

La formación y capacitación profesional es otra herramienta muy relevante. La proximidad con los socios suele ser una fuente muy importante de aprendizaje. Además, algunas empresas incluyen actividades formativas que van desde la posibilidad de viajar a conferencias y seminarios internacionales, la participación en cursos de idiomas, jornadas de capacitación y actualización profesional hasta la financiación de cursos de posgrado en el país o en el exterior. Por ejemplo, en el caso de TV Esporte Interactivo, la empresa tiene un programa de capacitación mediante el financiamiento de MBA (Master of Business Administration) a medio tiempo para empleados con alto rendimiento. La empresa cubre el 50% del costo del MBA.

Estos factores se combinan con otros beneficios monetarios. Por ejemplo, en Three Melons, es práctica habitual anticiparse a las posibles solicitudes de aumento del personal otorgando ajustes salariales en línea con la evolución de la inflación. En Infoxel y BioScience, se premia el cumplimiento de objetivos, no solo para los comerciales, sino también para quienes están trabajando en el desarrollo de productos. Además está la ya comentada práctica de ofrecer participaciones minoritarias, tal como en los casos de Interfactura, Intellisoft, Technisys, Three Melons o Body

Health. En Core Security, se implementó un sistema en el que los empleados de las posiciones clave tienen la opción de acceder a una participación en el capital de la empresa con el propósito de lograr su compromiso.[38]

Resta decir que una política inteligente de recursos humanos es convertir los factores que permiten retener a su gente en argumentos efectivos para atraer talentos. La propia experiencia de su gente es el arma de venta más convincente. Por el contrario, una empresa con dificultades para retener a su personal tendrá mayores dificultades para atraer nuevos recursos humanos de calidad.

CAJA DE HERRAMIENTAS PARA RECLUTAR Y RETENER PERSONAL

- ✔ Paquete de remuneración.
- ✔ Ajustes salariales en función de la inflación.
- ✔ Flexibilidad horaria.
- ✔ Vacaciones.
- ✔ Bonos y premios periódicos atados al logro de objetivos.
- ✔ Participación accionaria.
- ✔ Políticas de viajes al exterior.
- ✔ Capacitación y formación dentro y fuera de la empresa.
- ✔ *Mentoring* / Desarrollo de carrera.
- ✔ Buen clima laboral.

Fuente: elaboración propia.

Cuando la empresa alcanza un cierto nivel de reconocimiento y reputación en la industria, los esfuerzos necesarios son menores gracias al interés que manifiestan los profesionales del sector por ingresar a la firma. Para Globant, por ejemplo, el reclutamiento es más sencillo porque las posibilidades de crecer que ofrece la empresa y su inserción internacional atrae a quienes valoran la posibilidad de viajar, conocer otras culturas y desarrollarse profesionalmente en

---

[38] Cabe destacar que la disponibilidad de este instrumento varía de acuerdo con el país y la legislación vigente.

el exterior. Además, ven a la empresa como un icono de la industria que continúa conquistando nuevos mercados y expandiéndose en forma global.

Más allá de la búsqueda y selección de talentos, su gestión comienza a demandar más proactividad a medida que la plantilla se expande. Una dificultad muy propia de los emprendedores tecnológicos quizás sea la falta de experiencia en el manejo de equipos de personas. Adrián, de Technisys, nos cuenta su visión en base a su experiencia como COO (Chief Operating Officer) de la empresa, encargado de las operaciones y el desarrollo de productos.

Yo me tuve que comprar un libro sobre cómo administrar equipos de trabajo. Mientras se trabaja con bits es muy fácil porque los estados posibles son 1 o 0. Pero cuando se trabaja con personas existen más variables. Las personas tienen más estados, no solo el 1 y 0. De repente una persona te dijo una cosa y cuando dejaste de prestarle atención hizo otra. Alguno dijo: "Tranquilo, yo me quedo hasta que termina el proceso", y en realidad estaba esperando que no estuvieras para irse a su casa. Trabajar con personas es muchísimo más complejo y muchísimo más divertido que trabajar con 1 y con 0. Adrián, socio fundador y COO de Technisys.

LA CULTURA ORGANIZACIONAL COMO POLÍTICA DE RECURSOS HUMANOS

Más allá de las herramientas concretas mencionadas para reclutar y motivar al personal hay actitudes del equipo emprendedor que son mensajes directos a toda la empresa. La conducta de los fundadores muchas veces es el principal elemento forjador de cultura organizacional que permea sobre los recursos humanos y los motiva a seguir innovando y desarrollándose en la organización.

La posibilidad de tener contacto con empleados de algunas de las empresas innovadoras dinámicas nos brinda una mirada desde una óptica distinta. Se presentan aquí algunas claves para una positiva relación con el equipo de trabajo de la empresa:

1. Que se perciba que los socios están decididamente comprometidos con el proyecto y que aportan sus energías mediante el trabajo: algo que comúnmente asociamos a que los socios sean los primeros en llegar y los últimos en apagar la luz. Eso contagia y otorga autoridad al equipo emprendedor a la hora de realizar solicitudes y pedidos especiales "por sobre el esfuerzo promedio".

2. Desarrollar la capacidad de escuchar las opiniones de los empleados. Si es necesario disentir respecto a una decisión, tomar una decisión alternativa sin ser prepotente.

3. Transmitir al personal que él es el protagonista de la película. Involucrar a los empleados en cada uno de los logros de la organización. Compartir el éxito es fundamental. Las personas buscan reconocimiento.

4. La solidaridad y el trabajo en equipo son definitivamente elementos esenciales para generar buena vinculación entre los socios y el equipo emprendedor. La resolución de problemas requiere trabajar en equipo para superar las dificultades. La solidaridad debe ser un valor extendido en la organización para sumar respuestas en momentos de crisis.

5. Es clave incorporar personal que tenga rasgos compatibles con una cultura organizacional innovadora. Es conveniente tener en cuenta antes de decidir la contratación su capacidad para:

    a. Tolerar las críticas.

    b. Aprender de los errores.

    c. Tomar consejos de los más experimentados.

    d. Tener visión global y no solo con la parte que le toca ejecutar.

Se trata de actitudes que deberían tener los empleados para asumir desafíos de innovación y tolerar la incertidumbre que este tipo de empresas requiere.

Fuente: elaboración propia en base a casos relevados.

Profesionalizando la gestión de recursos humanos

Al inicio, la motivación que genera el proyecto y el liderazgo del equipo emprendedor suele alcanzar para disminuir la posibilidad de conflictos internos. Sin embargo, con el tiempo y el crecimiento, las nuevas empresas van definiendo la creación de políticas de recursos humanos más consistentes. Algo así como el manifiesto que reglamenta los derechos y las obligaciones del personal en las empresas.

Este proceso generalmente va de la mano de la creación de un área especializada en estos temas, aun pudiendo contar con la asesoría externa de consultores especializados. Vale la pena destacar que la creación de una gerencia o área de Recursos Humanos interna no implica armar una estructura compleja, sino que puede requerir la contratación de un profesional en recursos humanos que se encargue de orientar al equipo emprendedor en cómo sistematizar las reglas de juego para las distintas áreas dentro de la empresa y, cuando existe una consultoría externa, de interactuar con ella para ampliar las capacidades internas.

Uno de los temas de la agenda de RR.HH. debe ser las cuestiones de convivencia dentro de la empresa, que tiende a ser más compleja a medida que la plantilla de personal crece. Por lo tanto, además de tomar decisiones sobre el paquete de beneficios para los empleados, las firmas innovadoras dinámicas se esfuerzan en mejorar su calidad de vida en el día a día. Para ello, suelen generar áreas de esparcimiento con actividades para relajarse y pensar más tranquilamente en cómo resolver problemas, contribuyendo a que la oficina no sea vista solo como un espacio de presiones y responsabilidades.[39] Sin embargo, el clima de trabajo involucra también elementos menos visibles, pero a veces más importantes, como lo expresa Emiliano, de Core.

> *La gente quería trabajar con nosotros, no porque le pagáramos buenos salarios, o porque hubiera juegos para distenderse. Quería trabajar con nosotros simplemente porque el ambiente de trabajo era para gente como ellos. Nos gustaban las mismas cosas, nadie los molestaba, no era necesario ir vestido de ninguna manera en particular, no existían horarios estrictos.* Emiliano, socio fundador de Core Security Technologies.

---

[39] Elementos tan simples como máquinas de juegos y café, sillones de relax o una mesa de ping-pong son comunes, muy propios de las empresas de software.

Miguel, de Technisys, comenta que, dado que cierto paquete de beneficios y comodidades en la industria de TIC ya ha dejado de ser algo *premium*, es muy importante poder diferenciarse. Algunas empresas buscan hacerlo a través de la flexibilidad otorgada en los horarios de trabajo y el apoyo para formarse y seguir estudiando.

> *Independientemente de que considero algo muy bueno tener un área de relación y esparcimiento como tenemos en la compañía, eso no constituye un driver en la decisión de una persona que entra al área de I+D. Creo que lo importante es ofrecer un proyecto atractivo, desafiante, formador de carrera, sin límites. Volviendo a las políticas de esparcimiento, hoy en día son una condición necesaria, prácticamente una* commodity *en la industria. El personal analiza: "Trabajo en una actividad que me gusta, me brindan libertad en horario, puedo estudiar tranquilo, puedo desarrollarme dentro y fuera de la empresa". En particular nosotros ofrecemos flexibilidad horaria, capacitación permanente, gimnasio, club de esparcimiento,* playroom *en la oficina con tenis de mesa, PlayStation y metegol, un proyecto de arte llamado ARTechnisys mediante el cual fomentamos la creatividad, acceso a beneficios como créditos financieros o de salud, participación en actividades de RSE (Responsabilidad Social Empresaria) y nuestra última adquisición, sesiones de masajes y* stretching *en la oficina. Las empresas de software de Silicon Valley han impuesto estas prácticas a toda la industria y funcionan.* Miguel, socio fundador de Technisys.

Cuando la escala de la empresa lo habilita, las empresas crean áreas de asistencia a los empleados. Por ejemplo, Globant tiene una mesa de ayuda las 24 horas para quienes realizan viajes para efectuar consultas o solucionar cualquier eventualidad en sus traslados (vuelos, alojamiento, trámites, etc.).

También el acceso a libros, películas y música compartidos y disponibles para todos los miembros de la empresa mediante préstamos es otro beneficio que contribuye a estimular la creatividad, la innovación y a facilitar comunicación y diálogo entre sus miembros, generándose temas de interés común. Adicionalmente están aquellos instrumentos de trabajo como libros de gestión o técnicos que sirven de consulta para la labor diaria.

Otro elemento que apuntala el clima laboral son las actividades de esparcimiento y recreación fuera del horario de trabajo. En Body Health, implementaron una actividad recreativa que además servía para conocer mejor a sus distribuidores.

> *Nosotros queríamos trabajar la integración entre todos. Entonces decidimos que un martes cada 15 días nos reuniríamos y elegiríamos a una persona que tenía que ser el chef. La consigna era cocinar una comida étnica, porque estábamos con el desarrollo exportador. Elegíamos un distribuidor y había que preparar una comida del país de ese distribuidor. Entonces les gustaba mucho a todos, principalmente a los comerciales porque hablaban con el distribuidor para averiguar qué comida podían hacer. El personal nos informa cuánto van a gastar y la empresa se hace cargo de esa comida. Ese día terminábamos la jornada laboral alrededor de las 5 de la tarde para comer temprano. Jugábamos a algún juego de naipes mientras se hacía la comida. Durante la cena hablábamos de la empresa, de lo que estábamos haciendo, cómo íbamos, de los sueños que teníamos. Eso ayuda a integrar a la gente. Desde el que coloca los tornillos de los equipos hasta el que los vende a Grecia, estábamos todos comiendo un plato tradicional griego.* Diego, socio fundador de Body Health.

Las prácticas van variando en función del tamaño de la organización y de la existencia, por ejemplo, de varias sedes en donde funciona la empresa.

En el caso de MaqTec, se organizan asados periódicos para conocerse y entablar un vínculo entre todos, especialmente cuando muchos de ellos pasan varias semanas seguidas en el exterior haciendo trabajos de asistencia técnica a clientes. En Technisys, se arman salidas y reuniones fuera del horario de trabajo para que se conozcan las personas de distintas sedes.

Estas actividades cobran más importancia cuando la empresa no tiene centralizadas las actividades en un mismo espacio físico. En estos casos, los viajes son los ámbitos de encuentro donde se forjan las relaciones y también se construye la organización. No son cuestiones menores, considerando que el personal pasa muchas horas dentro de la empresa en contacto con el equipo de trabajo.

En resumen, es clave desarrollar un paquete de prácticas que exceden las políticas salariales. Aun en etapas donde la rentabilidad no permite grandes lujos para todo el personal –ni para las finanzas personales de los fundadores– los innovadores dinámicos suelen encontrar espacios para mejorar la calidad de vida de las personas dentro de la organización y aprovechar sus capacidades y creatividad en pos de innovar.

ALGUNAS PRÁCTICAS EXITOSAS

- **Transferir pasión y energía a quienes formarán parte del equipo.** Es fundamental para lograr el compromiso y alinearlos con los objetivos del emprendimiento.
- **Atraer talentos.** La búsqueda de talentos es una tarea ineludible en la construcción de una empresa de rápido crecimiento. Las redes de contactos son una fuente de personas talentosas y recomendadas por pares. Pero hay que tener en cuenta que los conocidos, aun con su plus de confianza, no siempre son los más idóneos. Es recomendable incrementar la cantidad de contactos más específicos a la industria para dar con los perfiles buscados.
- **Comunicar la visión estratégica de entrada.** Incorporar talentos requiere comunicar desde el principio el potencial de crecimiento del proyecto y la visión estratégica de sus líderes, ya que el desarrollo de carrera para quien se incorpore a la empresa depende directamente del éxito.
- **Contratar también a quienes le explicarán para qué serán contratados.** Incorporar profesionales especialistas que sepan más que el equipo emprendedor en ciertas áreas es fundamental para generar innovación y conocimiento dentro de la empresa.
- **Generar una propuesta basada en un paquete atractivo de beneficios para los empleados.** Aun con desventaja de la oferta salarial en comparación con empresas ya establecidas, se puede trabajar en la conformación de paquetes de beneficios atractivos para el personal desde los comienzos. Además de las posibilidades de hacer carrera más rápidamente que en otras organizaciones ya más desarrolladas, la formación

en el ámbito empresarial, el contacto con personas de otros países, la posibilidad de viajar y el desarrollo de contactos profesionales importantes son activos valorados por las personas.

- **Trabajar por objetivos más que por horarios.** Los esquemas de trabajo por objetivos –en particular para las áreas de desarrollo de productos/investigación y desarrollo– son un activo valorado por el perfil de recursos humanos necesario para desarrollar estas actividades. Sin embargo, deben tomarse precauciones al instalar estas prácticas a nivel horizontal en la organización, en particular en aquellas áreas que interactúan con clientes y proveedores.

- **Buscar gente joven con potencial.** En empresas jóvenes, gente joven. Una combinación entre posibilidades de acceder a talentos con salarios adecuados a los que la empresa que recién inicia puede pagar es indispensable. No siempre el perfil del candidato ideal es el que la empresa puede pagar. La contratación de personas jóvenes, con menos experiencia pero que cuenten con capacidad de adaptación y aprendizaje puede contribuir a superar este dilema. Además, permite instalar más fácilmente una nueva cultura organizacional.

- **Pensar los requerimientos de personal en términos dinámicos con mirada hacia el futuro.** Esto evitará la rotación en el trabajo y contribuirá a fortalecer los equipos. Además, permitirá su formación dentro de la empresa hasta llegar a adquirir las capacidades que serán necesarias en el futuro.

- **Brindar autoridad y jerarquizar posiciones.** A medida que se vayan contratando más especialistas, es fundamental darles autoridad en su área de trabajo. Separar la función de socio y gerente –superpuesta en los primeros tiempos– ayuda a generar una organización percibida como más democrática y que estimula la participación de todos sus integrantes.

- **Reconocer los logros del personal.** Todas las personas son distintas, pero a la gran mayoría le gusta que valoren sus esfuerzos. Esta valoración no debe ser solo monetaria, sino que por distintas vías es posible reconocer el esfuerzo y premiarlo frente a sus pares.

- **Construir las relaciones puede demandar actividades fuera del horario laboral.** Las actividades sociales fuera de la oficina –cenas, salidas recreativas y de esparcimiento en general– son espacios que estimulan el desarrollo de mejor comunicación en el equipo. Estas actividades son particularmente relevantes para empresas que deben contratar muy rápidamente una gran cantidad de personas en poco tiempo y que, en relación con la estructura previa, pueden significar el 50% o más de todo el equipo. Las personas valoran estos espacios porque contribuyen a mejorar el clima laboral, lugar donde pasan una gran parte de su día. Una cena mensual u otra actividad grupal de esparcimiento puede ayudar a fortalecer los vínculos, sobre todo para los nuevos empleados y las áreas que no interactúan en el mismo lugar de trabajo cotidianamente.

✓ **Estimular la formación de recursos humanos dentro y fuera de la empresa.** La capacitación, además de ser una necesidad básica de empresas innovadoras, debe ser considerada como un activo para la atracción de talentos. La posibilidad de formarse dentro o fuera de la empresa es generalmente valorada por el equipo de trabajo. Sin embargo, pueden armarse esquemas en donde la capacitación no sea gratuita sino con una gran parte del costo subsidiado por la empresa y un pequeño porcentaje asumido por el personal. Esto incrementa el compromiso del personal y ayuda a valorar la capacitación.

✓ **Asignar tiempo a la coordinación de equipos de trabajo implica asumir menos involucramiento en la línea de producción.** Es importante que, aun cuando el equipo emprendedor se sienta atraído a involucrarse de lleno en la generación de innovación y desarrollo de productos, pueda asumir un papel de dirección y liderazgo por fuera de la línea de producción. Esto implica desligarse de funciones en las que, generalmente, el perfil de emprendedores tecnológicos se siente más cómodo.

✓ **Liderar la gestión de recursos humanos.** Las prácticas recomendadas requieren de un fuerte liderazgo para su implementación.

Fuente: elaboración propia en base a casos relevados.

Preguntas y ejercicios para seguir aprendiendo

Para emprendedores

1. ¿Qué problemas suele enfrentar una empresa innovadora emergente dinámica a la hora de contratar personal? ¿Qué lecciones surgen de las experiencias presentadas en el capítulo?
2. ¿Cuáles son las fuentes para reclutar personal en las distintas etapas de una empresa innovadora emergente? ¿Por qué razón no pueden ser las mismas que al inicio a medida que la empresa crece?
3. ¿Puede una empresa innovadora emergente aplicar los mismos criterios para definir los perfiles requeridos y para seleccionar al personal que una gran empresa? ¿Por qué?
4. Escriba en una hoja los tres argumentos principales en los cuales pueda basarse la estrategia de atracción de talentos de una empresa innovadora emergente. ¿Y para retenerlos?
5. Identifique en una hoja los tres principales argumentos en los cuales pueda basarse la estrategia de retención de talentos de una empresa innovadora emergente dinámica.
6. ¿Cuál es el papel de los factores monetarios y no monetarios en la gestión de recursos humanos de una empresa innovadora emergente? ¿Cuál es el papel de la administración de expectativas para alinear a la gente con los objetivos de la compañía?

Para docentes e investigadores

1. ¿Cuáles son los factores de desventaja que presenta la gestión de una empresa innovadora emergente frente

a una empresa ya establecida? ¿Qué enfoques teóricos ayudan a comprenderlos?

2. ¿Cuáles son las diferencias principales entre la gestión de recursos humanos en una empresa innovadora emergente y en una gran empresa madura? ¿Qué lecciones surgen de las experiencias presentadas en el capítulo?

3. Las experiencias presentadas indican que muchos empresarios innovadores (fundamentalmente los de perfil más tecnológico) carecen de experiencia previa en el manejo de equipos y la resolución de conflictos. ¿Cómo se podrían desarrollar estas competencias desde la formación o *coaching* de emprendedores? ¿Conoce experiencias en la materia? ¿Con qué metodología trabajan? ¿Qué resultados han obtenido?

4. ¿En qué medida las currículas para formar profesionales especializados en recursos humanos contemplan las especificidades de las empresas innovadoras emergentes dinámicas? ¿Qué ideas de mejora se le ocurren en este plano?

5. ¿Qué preguntas de investigación se le ocurren a la luz de los contenidos del capítulo?

Para responsables de programas y profesionales de apoyo

1. Identifique los cinco problemas principales que enfrentan las empresas innovadoras emergentes dinámicas para gestionar sus recursos humanos. ¿En qué medida permiten justificar el diseño de programas y políticas de apoyo?

2. ¿Es factible apoyar a los emprendedores en este campo desde las políticas y programas de fomento al emprendimiento dinámico innovador? ¿Conoce experiencias que trabajen en este campo? ¿Qué enseñanzas surgen a partir de ellas?

3. ¿En qué medida el desarrollo de la vinculación universidad-empresa puede ser una vía fructífera para aminorar los problemas de recursos humanos que enfrentan los emprendimientos dinámicos innovadores?

4. ¿Considera que los profesionales que trabajan apoyando a los emprendedores dinámicos cuentan con los conocimientos y las herramientas apropiadas para capitalizar sus potencialidades y atender sus requerimientos de manera efectiva? Identifique acciones concretas que podrían ayudar en este sentido y cuál es el rol de las políticas públicas en este campo.

EL DESARROLLO DE REDES Y ALIANZAS

- *¿Por qué y para qué son importantes las redes de contacto?*
- *¿Cómo autoevaluar las redes actuales y definir las necesidades de nuevos contactos?*
- *¿Para qué sirven las alianzas estratégicas?*
- *¿Cómo buscar y elegir un aliado?*

A lo largo de los capítulos anteriores, en distintas ocasiones, ha sido posible identificar la importancia de las redes de contactos. Ello no debería sorprender, dado que según diversos estudios, si hay algo que caracteriza a los emprendedores dinámicos es su capacidad para construir y aprovechar estas redes y, por esa vía, acceder a distintos tipos de recursos para poner de pie el proyecto emprendedor (información, consejos, apoyo concreto).[40] Además, crear empresas tecnológicas supone poder disponer de conocimientos que solo parcialmente están codificados. Por el contrario, buena parte de ellos se basan en experiencias, tanto de negocios como a nivel técnico. En estos casos, las redes de contacto basadas en la confianza son canales efectivos para acceder a estos recursos. Esta sección busca analizar su contribución a la creación y desarrollo del crecimiento de las nuevas empresas tecnológicas y presentar algunas herramientas útiles para gestionarlas.

---

[40] Kantis, H.; Ishida, M. y Komori, M.: op. cit. También véase Kantis, H.; Angelelli, P. y Moori-Koenig, V.: op. cit.

Tipos de redes y su importancia

Una red está compuesta por el conjunto de contactos que los emprendedores tienen de antemano más aquellos que van tejiendo con el propósito de apalancarse y favorecer la creación y desarrollo de sus empresas.

Básicamente existen tres tipos de redes según el contenido del intercambio que se verifica a través de ellas[41]: las de negocios, las de comunicación y las sociales. Por las primeras, se canalizan las transacciones típicas de compraventa e intervienen típicamente proveedores y clientes. Por su parte, las redes de comunicación "transportan" contenidos conversacionales y por ellas circula, por ejemplo, información sobre oportunidades de negocios, cambios en el contexto empresarial o soluciones para problemas de gestión. Los emprendedores interactúan y construyen redes de este tipo con actores muy diversos: empresas, consultores, colegas, funcionarios de gobiernos locales, organizaciones de apoyo, entre otros.

Por último están las redes afectivas, que son aquellas que aportan apoyo emocional. Están conformadas principalmente por los parientes, familiares, amigos y conocidos de los socios fundadores.

A su vez, con la perspectiva del perfil de los actores que las forman, las redes pueden clasificarse en: redes de negocios, redes institucionales y redes sociales. Las primeras están conformadas por los agentes económicos que integran la cadena de valor de la empresa, proveedores y clientes. Las institucionales incluyen a las organizaciones públicas, privadas y mixtas con las que los emprendedores pueden estar vinculados (universidades, cámaras empresa-

---

41 Mitchell, J.: "Networks, Norms and Institutions", en Boissevain, J. y Mitchell, J. (eds.): *Network analysis: Studies in human interaction*, Mouton, The Hague, 1973.

riales, instituciones gubernamentales, entidades de apoyo a nuevas empresas, entre otras). Por último, las redes sociales las integran el círculo de familiares, parientes, amigos y conocidos de los emprendedores.

En rigor, estos tres tipos de redes pueden solaparse dado que, por ejemplo, un cliente puede ser a la vez un amigo o un pariente. Por otra parte, si bien suele existir cierta correspondencia entre el tipo de contenidos que circulan por una red y el perfil de los actores (por ejemplo, transacciones con clientes y proveedores o apoyo emocional con amigos), la relación no es lineal dado que los negocios también tienen una dimensión social. Las clasificaciones anteriores son, sin embargo, útiles para poder autoevaluar el perfil de las redes y sus contenidos e identificar en qué campos existen necesidades de fortalecimiento.

LA IMPORTANCIA DE LA RED DE CONTACTOS ES CLAVE PARA...

- ✔ Identificar oportunidades de negocio.
- ✔ Obtener información de mercado y tecnológica.
- ✔ Construir el equipo emprendedor.
- ✔ Contratar personal calificado.
- ✔ Acceder a recursos no financieros (ej: oficinas/lugar de trabajo prestado).
- ✔ Obtener recursos financieros.
- ✔ Solucionar problemas organizativos y de gestión.
- ✔ Abrir mercados externos.
- ✔ Obtener consejos.
- ✔ Disminuir riesgos en las transacciones.

Fuente: elaboración propia.

En la gran mayoría de los casos la conformación de los equipos emprendedores se basa en el conocimiento previo entre los fundadores.

La red social es clave en esta instancia. Los familiares, amigos, compañeros de colegio o de trabajo son los vínculos que frecuentemente se encuentra a la hora de analizar los equipos emprendedores.

Por otra parte, la identificación de la oportunidad muchas veces viene de la mano de información captada en la interacción con proveedores o clientes de la empresa donde trabajaban los empleados, o de conocidos que están en el mercado. Además, los contactos con proveedores son claves para la adquisición de información tecnológica, especialmente importante para las empresas innovadoras.

También están las personas que pueden aportar parte del capital inicial para arrancar, aun cuando no participen activamente en la gestión del emprendimiento, como sucedió al inicio en los casos de Three Melons, BioScience, Manejo Profesional de Desechos y TV Esporte Interactivo. Estos contactos suelen ser muy importantes para identificar potenciales clientes y actuar como referentes para aportar recomendación y ayudar a construir reputación a la nueva empresa.

A la hora de contratar personal y de organizar la estructura de la empresa, el consejo de otros empresarios que hayan pasado por situaciones similares puede resultar muy valioso para ahorrarse dolores de cabeza, al igual que consultores conocidos con especialidad en algún tema en el cual se requiera una opinión.

En definitiva, la gestión activa de las redes es fundamental en prácticamente todas las áreas de la empresa. La idea central de expandir la red de contactos es poder contar con colaboradores externos que vayan abriendo el camino empresarial. Dependiendo del grado de confianza, vinculación, antigüedad y frecuencia del vínculo entre los socios de la empresa y sus contactos habrá distintas formas de ir construyendo un nodo colaborativo.

Lo que es relevante entender es que existe una red básica, principalmente social, que constituye la plataforma inicial de soporte que tiene el proyecto, pero que puede ser desarrollada de manera tal que facilite el acceso a recursos, mercados, oportunidades y consejos para mejorar la gestión de la empresa. Es clave, por lo tanto, invertir en el desarrollo y en el mantenimiento de las vinculaciones y, cada tanto, detenerse a evaluar el "estado de la red".

Una característica de los emprendedores dinámicos es que realizan esfuerzos sostenidos por expandir sus vínculos y por aprovechar no solo las redes directas, sino también los contactos indirectos. Para ello, se valen de la información que puedan conseguir de los proveedores, de otros colegas y en especial de clientes. Es decir, rápidamente aprovechan los nodos de información comercial y evitan quedarse solo con los conocidos de su red primaria básica, quienes probablemente no tengan el conocimiento específico de la industria que sí poseen quienes ya están insertos en ella.

En definitiva, si bien la red de contactos de partida es una plataforma de apoyo importante, es altamente conveniente seguir expandiéndola y ampliándola a través de una gestión activa de vínculos y relaciones sociales y comerciales. El portfolio de contactos debe guardar un adecuado equilibrio entre vinculaciones o lazos fuertes, es decir profundos, con actores cercanos que siempre nos van a responder y relaciones más flexibles con agentes que están más lejos de nuestro círculo cercano pero que pueden aportar aquello que nuestro ambiente más próximo no tiene (información estratégica, recursos, diversidad de perspectivas, etc.). Es fundamental evitar los riesgos de quedar encerrados en redes basadas en contactos que, si bien pueden comprometerse mucho cuando los necesitemos, se mueven básicamente en nuestros mismos ámbitos, y cuentan con la misma información y recursos. Las redes más abiertas pueden enriquecer a los emprendedores y sus empresas en forma estratégica. Por lo tanto, cabe esperar que las redes evolucionen en el tiempo hacia una mayor apertura y heterogeneidad interna.

EL ROL DE LAS REDES DE CONTACTO
EN EL DESARROLLO DE LOS EMPRENDIMIENTOS
INNOVADORES DINÁMICOS

Diagnotec se nutrió de las redes desarrolladas por sus fundadoras en el ámbito universitario. Ana María Sandino era investigadora contratada por la Universidad de Chile y también estaba vinculada a la Universidad de Santiago. Geraldine Mlynarz estaba terminando la carrera de Agronomía en la Pontificia Universidad Católica de Chile. Así, los contactos desarrollados por ambas en el mundo académico fueron muy importantes a la hora de conseguir información y conocimiento relevante para la evolución del proyecto de negocios. Sin embargo, también debieron desarrollar otros contactos más vinculados con el mundo de los negocios y con el sector específico de actividad en el que lanzarían la empresa ya que existía mucha información y conocimiento.

En algunos casos, como el de Body Health, el mismo equipo se conformó a partir de las redes sociales. La amistad entre Diego y Fernando fue la base, y luego convocaron a un conocido del trabajo y a un amigo de Fernando. La pertenencia a ámbitos tales como el Rotary Club o la Unión Industrial de la Provincia de Buenos Aires les permitió acceder al consejo de empresarios con experiencia que habían vivido situaciones similares en el pasado. Además, les ayudaron a abrir las puertas de la Fundación Exportar y de diversos proveedores. Otro ejemplo de aporte de la red es el de la vinculación con consultores en recursos humanos que les facilitaron la definición de perfiles y la incorporación de personal. Por último, la interacción con un distribuidor clave de Corea operó como antena estratégica para captar tendencias tecnológicas y para ampliar el foco del negocio.

Las redes forjadas en trabajos previos son muy importantes. Miguel, Adrián y Germán, de Technisys, por ejemplo, convocaron a sus ex jefes en IBM para fortalecer la conformación del equipo. Además, fueron ampliando sus vinculaciones en base a sus viajes y a la participación en ferias y eventos. A nivel institucional, la vinculación con Endeavor contribuyó a ingresar al mercado norteamericano y al acceso a inversores de riesgo.

Asimismo, SCM Metrología fue gestada a partir del contacto establecido por los fundadores en su trabajo anterior. Fernando Chacón y Edgar Sánchez se conocieron en la Oficina Nacional de Normas y Unidades de Medida del Ministerio de Economía de Costa Rica. A su vez, las redes de contacto desarrolladas en esa institución les permitieron desarrollar cierto conocimiento acerca de las características del mercado y de los posibles clientes a contactar.

También Germán, de Delta Biotech, supo aprovechar sus redes. Los contactos con el mundo científico, forjados desde la maestría que había realizado, le sirvieron para desarrollar el producto y para aplicar a instrumentos financieros del Fondo Tecnológico Argentino (FONTAR) que fueron de importancia clave para el crecimiento empresarial. A su turno, los viajes a ferias y eventos hicieron posible desarrollar una alianza estratégica con un laboratorio suizo.

Un caso similar es el de Biocancer. La reputación construida por el doctor Alberto Wainstein y la doctora Ana Paula Drummond durante su carrera profesional posibilitó un acceso más sencillo a los primeros clientes. Asimismo, al haber estudiado en los Estados Unidos, los emprendedores tenían cartas de recomendación y contactos de referentes del exterior, lo cual también contribuyó a crear reputación.

Algunos de los fundadores de Three Melons se conocían del colegio secundario y, en otros, por pertenecer a la red virtual de los desarrolladores de videojuegos. Pero para forjar sus redes comerciales fueron clave los viajes, las ferias y los eventos del sector. De esta forma, se hicieron conocer por los potenciales clientes y por actores clave de la industria. Además, las redes institucionales les ayudaron a acceder a una consultoría de Boston Consulting Group, a obtener un subsidio del FONTAR y a despertar el interés del Banco Santander Río, que invirtió y financió la expansión del emprendimiento.

Los fundadores de BioScience se conocían del colegio secundario. Pero a la hora de conseguir el primer cliente, los proveedores para el desarrollo del producto y el primer jefe del departamento de desarrollo se apoyaron en las redes de contactos que supieron moldear en las empresas donde trabajaron previamente. Los viajes y las ferias permitieron realizar más contactos en el exterior, entre los que se cuenta la empresa canadiense con la que luego acordaron una alianza estratégica.

En el caso de Intellisoft, Sergio López conoció a Nick Barry en un evento donde acudían emprendedores atraídos por los negocios de Internet. Ambos tenían la inquietud de crear una empresa vinculada al comercio *on-line*. Asimismo, luego fueron seleccionados por Endeavor. Esto muestra la importancia de circular por ámbitos institucionales vinculados a la temática emprendedora, tanto para desarrollar redes que aporten información valiosa como para conseguir un posible socio.

Las redes también son clave para obtener consejos y opiniones. Pablo, de Infoxel, aprovechó los contactos forjados a través de su paso por Junior Achievement –una organización sin fines de lucro orientada a promover el espíritu emprendedor entre los jóvenes– para orientarse acerca de cómo convenía organizar la empresa y conseguir los primeros clientes. Además, se apoyó en profesores de la universidad para testear productos y consultar cómo mejorarlos. Para conquistar nuevos clientes fue vital su vinculación con ARCOR, primer cliente de la empresa.

En resumen, es difícil encontrar casos de emprendimientos innovadores dinámicos en los cuales las redes no hayan jugado y sigan jugando un papel fundamental. Por lo general, al inicio la importancia de las redes sociales es mayor y luego tiende a ir perdiendo peso relativo. Pero lo que destaca a los emprendedores dinámicos es su capacidad para construir redes de negocios desde temprano.

Fuente: elaboración propia.

Evaluando el punto de partida

Todo emprendedor tiene que tener la capacidad de evaluar el estado de sus redes de contacto desde una perspectiva dinámica. No es un ejercicio simple, dado que supone poder pensar primero en el camino que se desea recorrer y, luego, en el perfil de contactos que se requiere.

"¿Dónde quiero estar de aquí a tres o cinco años?" "¿En qué medida mis redes de contacto me pueden ayudar para lograrlo?" "¿Qué vinculaciones debo desarrollar?" Estas son preguntas de gran relevancia para quienes desean crear una empresa innovadora orientada al crecimiento. Diego, de Body Health, nos comenta una práctica basada en su propia experiencia.

Si de las diez personas con las que intercambias opiniones cada tanto, ninguna está cerca del lugar de destino o no puede ayudarte mediante sus contactos, entonces resultará muy difícil llegar solo. Es necesario enriquecer la red con nuevos contactos. Dentro de esas diez personas tiene que haber dos o tres más cerca del lugar al que se desea llegar y se necesita dedicarle tiempo para conversar. Esas personas te mostrarán el camino que ya recorrieron para que evites tropezarte con las mismas cosas y no demores veinte años en recorrer el camino. Diego, socio fundador de Body Health.

Otro ejercicio que a veces puede ser interesante es tomar como modelo a algunas personas que hayan logrado crear una empresa innovadora y obtener información relacionada con las preguntas del siguiente cuadro. Las respuestas pueden servir como pistas para identificar el tipo de contacto que debe desarrollarse.

REDES: PREGUNTAS PARA SABER POR DÓNDE EMPEZAR

1. ¿Qué background profesional y educativo tenían las personas que lograron desarrollar una empresa innovadora?
2. ¿A qué grupos y organizaciones pertenecían?
3. ¿Cómo se puede hacer conexiones con grupos similares tal como hicieron los exitosos?
4. ¿A quién conoce en este momento que podría ayudarlo a hacer esas conexiones?
5. ¿A quién conoce que, a la vez, conozca a alguien que pueda ayudarlo a hacer esas conexiones?
6. ¿A quién quiere conocer? ¿En qué círculos quisiera estar?
7. ¿Cómo podría ayudar a estas personas que pueden ayudarlo para que ellas a su vez lo ayuden?

Fuente: De Raffaele, F. y Hendricks, E.: *Successful Business Networking*, Chandler House Press, Worcester, 1998.

La última pregunta es clave para definir una táctica orientada a entablar los vínculos deseados. Antes de iniciar el contacto lo ideal es tener una respuesta a este interrogante, dado que las relaciones se construyen sobre la base del interés mutuo. De lo contrario, se percibirá que el interés en

173

ese contacto es meramente especulativo y en beneficio propio. La reciprocidad es un principio fundamental en la construcción de relaciones colaborativas.

En este sentido, para saber qué puede necesitar el otro hay que provocar el encuentro, interactuar y, por sobre todo, saber escuchar. Muchas veces las personas subestiman el valor de lo que pueden aportarle a la otra parte, y es en el mismo diálogo donde perciben que, en realidad, su conocimiento, experiencia y vínculos afines pueden ser muy relevantes. Los expertos dicen que otro principio clave para el *networking* efectivo consiste en "pensar primero en lo que puedo dar antes de avanzar hacia lo que deseo obtener".

Un ejercicio de autodiagnóstico

El funcionamiento de las redes tiene una alta dosis de espontaneidad e informalidad y, en ocasiones, hasta de casualidad. Sin embargo, su desarrollo es una tarea en la cual pueden invertirse esfuerzos sistemáticamente.

Partiendo de la base de contactos iniciales es posible construir una agenda orientada a la identificación de actores relevantes para el crecimiento de la empresa en función de sus perfiles, capacidad de contribuir a la apertura de nuevos contactos y accesibilidad.

Un ejercicio para comenzar la construcción de este sistema de contactos consiste en clasificar a todas aquellas personas que conocemos o de las que tenemos una tarjeta de negocios en cinco posibles categorías. Para ello es relevante comenzar realizando un inventario de contactos, dado que es habitual olvidarse de la existencia de buena parte de ellos. La organización de los contactos permitirá conocer mejor a quiénes conocemos, qué hacen y cuál es la relación que tenemos con esas personas. El siguiente cuadro aporta una clasificación para realizar este ejercicio.

| CLASIFICACIÓN DE LAS REDES DE CONTACTO ||
TIPO DE CONTACTO	DESCRIPCIÓN
1. PRIMARIO	Son las personas más cercanas, con las que existe un contacto a diario. La familia, los compañeros de trabajo, los mejores clientes y los amigos pertenecen a esta categoría. Al ser contactados para pedirles un favor, seguramente lo harán. Son aquellos que recomendaríamos y que no dudarían en recomendarnos. Nunca pasa más de un mes sin tener contacto con ellas.
2. SECUNDARIO	Son las personas con las que se está en contacto regularmente con intervalos de dos a seis meses como mucho. Son personas que todavía no utilizarán su red de contactos para ayudar.
3. DORMIDO	Son las personas con las que se está en contacto cada seis meses o un año. Son aquellos con los que generalmente queremos desarrollar un vínculo más regular pero no hemos tenido el tiempo necesario.
4. INACTIVO	Son las personas con las que no se ha estado en contacto en más de un año.
5. LISTA DE CORREO	Solo tenemos una tarjeta de contacto, un folleto y no se ha desarrollado contacto en mucho tiempo.

Fuente: De Raffaele y otros, 1998: op. cit.

Lógicamente, lo ideal es tener muchos contactos en la categoría "Primario", pero eso no es fácil. Sin embargo, una gestión activa de redes puede movilizar los contactos de una categoría en otra de mayor nivel de confianza.

Para eso puede ser útil armar un listado de contactos por categoría –en una planilla de cálculo– con sus nombres, teléfonos, e-mail, profesión y empresa/organización en la que trabaja.

Primario				
Nombre	Teléfono	E-mail	Profesión	Empresa/Org.
Juan Pérez	5555-5555	juan@perez.com	Ingeniero	Coca-Cola
Contacto 2	....	....	....	....

Secundario				
Nombre	Teléfono	E-mail	Profesión	Empresa/Org.
Contacto 1	....	....	....	....
Contacto 2	....	....	....	....

Dormido				
Nombre	Teléfono	E-mail	Profesión	Empresa/Org.
Contacto 1	....	....	....	....
Contacto 2	....	....	....	....

Inactivo				
Nombre	Teléfono	E-mail	Profesión	Empresa/Org.
Contacto 1	....	....	....	....
Contacto 2	....	....	....	....

Lista de correo				
Nombre	Teléfono	E-mail	Profesión	Empresa/Org.
Contacto 1	....	....	....	....
Contacto 2	....	....	....	....

Una vez terminada la tarea es aconsejable revisar que estén bien categorizados en términos de inserción y frecuencia del contacto. Existe cierta tendencia a sobreestimar la confianza y el grado de profundidad del vínculo. Ante la duda, lo mejor es clasificarlos siendo estrictos para tener un panorama más realista de la agenda.[42]

El paso siguiente es analizar el aprovechamiento efectivo de los contactos logrado en los últimos tiempos en términos de los distintos recursos que podrían aportar para el desarrollo de la empresa:

ENTENDER LAS REDES Y SUS POSIBLES APORTES

- ✔ **Información:** tecnológica, de mercado, productiva.
- ✔ **Apoyo emocional:** se refiere a la capacidad de escucha y consejos en situaciones desafiantes.
- ✔ **Datos simples:** un dato de contacto de alguien que podría ser interesante conocer.
- ✔ **Conexiones:** son contactos derivados por nuestra red en donde podemos usar sus nombres para recibir un trato diferencial que asegure mayor receptividad e involucramiento de su parte.
- ✔ **Referido:** es el contacto más importante, similar a una conexión, pero el contacto lo establece la persona de nuestra red. Será esta persona quien llame al contacto para decir: "Te va a llamar esta persona por este tema, es de mi total confianza". Es decir que a la hora de contactarlo tendrá información sobre nuestro perfil profesional o laboral.
- ✔ **Apoyo ante problemas de gestión:** puede incluir la facilitación de recursos humanos, maquinarias, etc. relevantes para el desarrollo del emprendimiento.

Fuente: elaboración propia basada en De Raffaele y otros, 1998: op. cit.

En suma, la construcción de redes es una tarea que requiere energía y dedicación sistemática. Aun cuando pueda parecer que un ejercicio de este tipo es tedioso y no dispongamos del tiempo suficiente como para realizarlo, es relevante tener estos conceptos bien presentes ya que pueden servir como brújula a la hora de la acción.

---

[42] Para sistematizar esta actividad y desarrollarla de manera más profesional, existen herramientas de software libre que de manera sencilla ayudan a todos los miembros de la empresa a poner a disposición sus contactos y facilitar la gestión activa de redes (por ej.: SugarCRM).

Inventariar y clasificar los contactos de acuerdo con el nivel de llegada y frecuencia de la interacción es el punto de partida. El paso siguiente es desarrollar nuevos contactos según la brecha existente entre las necesidades y el stock de vinculaciones disponibles. Los siguientes criterios pueden servir como guía para detectar estas brechas:

CRITERIOS PARA DETECTAR NECESIDADES DE FORTALECIMIENTO DE LA RED

- ✔ **Por dimensión del negocio:** permite identificar si para todas las áreas de negocio contamos con personas con las cuales mantener interacciones productivas. Para generar ventas, para acceder a información sobre proveedores, sobre expertos en desarrollo organizacional, recursos humanos, especialistas en temas de exportación, y, por sobre todas las cosas, si contamos con personas que ya hayan pasado por situaciones similares en el pasado y que pueden aconsejarnos desde la experiencia.
- ✔ **Por mercados de destino:** en el desarrollo de nuevos mercados, es importante contar con vínculos locales en cada uno de los mercados en los que actúa o desea actuar la empresa, a modo de informantes estratégicos. Los innovadores dinámicos se basan en estas antenas estratégicas para explotar oportunidades, contactar potenciales clientes y desarrollar nuevos productos en esos mercados. Un ámbito en donde es posible conocer a estas personas, según marca la experiencia de los innovadores dinámicos, son las ferias, exposiciones y eventos de la industria.
- ✔ **Por nivel de cercanía y confianza:** si no contamos con gente a la que podemos acudir cuando lo requiramos, es necesario trabajar en la construcción de vínculos con mayor potencial de aporte. Un trabajo que se puede hacer en este sentido es generar una agenda de acción para transformar contactos inactivos, dormidos y secundarios en primarios.

Fuente: elaboración propia.

Las redes en perspectiva dinámica

La intensidad en el uso de las redes de contacto varía a lo largo de las distintas etapas del negocio. Generalmente, el momento más activo en la gestión de contactos es la etapa de lanzamiento del proyecto, dado que será necesario conseguir los recursos clave para iniciar la empresa, entre ellos los financieros, y acceder a los primeros clientes.

Sin embargo, algo que caracteriza a los innovadores dinámicos es la identificación temprana y permanente de contactos que puedan efectuar contribuciones significativas al proyecto empresarial en la actualidad y en el futuro. Si bien no es frecuente encontrar esquemas tan sistemáticos como el ejercicio de diagnóstico que presentamos antes, en la mente de los emprendedores el desarrollo y la activación de contactos está presente todo el tiempo. En definitiva, el *networking* es un estilo de vida para los emprendedores dinámicos. Diego, de Body Health, reflexiona sobre la construcción de redes.

> *Es necesario tener la mente abierta y entender que la construcción de redes es importante y es necesario desarrollarlas. No creo que sea posible estructurar esta construcción, pero se requiere buscar permanentemente. A veces mis amigos se sorprendían porque salíamos a bailar o a una fiesta y quizás se me sentaba al lado otra persona y yo le preguntaba: "¿A qué te dedicas?" "Yo soy cirujano" "Ah… yo tengo mi empresa". Y quizás en ese cumpleaños estuve hablando una hora con esa persona. Mis amigos me decían: "Basta de hacer negocios, ¿estamos en una fiesta y haces negocios con alguien?". Y yo no estaba haciendo negocios, quizás con esa persona no concretaría ningún negocio. Pero tal vez generara un vínculo que, más adelante, en una exposición, en un congreso de cirugía estética encuentre a otra persona que lo conoce. Seguro que de esta manera, el camino será más rápido que si golpeas la puerta sin conocer a nadie.* Diego, socio fundador de Body Health.

En los inicios, la utilidad de la red está condicionada por los perfiles y el acceso a contactos que puedan brindar información, referidos y otros recursos valiosos para el proyecto. Pero luego será el propio desarrollo del negocio y la circulación por los ámbitos donde está la información de mercado lo que orientará el proceso de construcción de vínculos según las necesidades de la empresa. Una vez más, ferias, eventos, exposiciones son espacios ideales para el desarrollo de una agenda de contactos, local y externa.

En otras palabras, una parte fundamental de la agenda de *networking* debe estar orientada a construir relaciones comerciales con clientes que, además de generar vínculos, permitan obtener información sobre otros contactos por vía indirecta para construir reputación y expandir el negocio. Se trata de aprovechar las redes de toda la cadena estableciendo vínculos cercanos en donde la empresa también tenga algo para ofrecer a quienes colaboren en esa tarea. En algunos casos, la riqueza y diversidad de las trayectorias formativas y laborales del equipo emprendedor son de gran ayuda. Los fundadores de Globant, por ejemplo, se apoyaron en los contactos con los que contaba cada uno de ellos, provenientes de diversas industrias en las que habían trabajado, y que le permitieron a la empresa ir expandiéndose en distintas ramas.

Aun así, lo que no es un activo de entrada es posible generarlo. Por ende, establecer relaciones y vínculos con otras empresas, especialistas e instituciones tiende a hacerse cada vez más estratégico. Con el tiempo, junto con los socios se amplía el círculo de quienes aportan a la construcción de redes. El personal que se encuentra en contacto con clientes, proveedores y actores clave de la industria también se ocupa de ampliar y profundizar los vínculos. El *networking* se vuelve entonces parte de la cultura organizacional de estas empresas. En esta instancia debe contar con procesos claros de seguimiento, activación y capitalización de los contactos generados desde distintos puntos de la empresa.

A medida que la empresa crece, es posible ir ampliando y profundizando el uso de las redes de contacto, por ejemplo, compartiendo los contactos personales entre los empleados. A tal fin, existen herramientas tales como bases de datos o plataformas compartidas de contactos disponibles para todos los miembros de la empresa que les permita aprovechar las vinculaciones por las distintas áreas de la empresa. El siguiente cuadro da cuenta de la utilidad de este tipo de herramienta.

PLATAFORMAS VIRTUALES Y BASES DE DATOS COMPARTIDAS: EXPANDIR Y APROVECHAR LAS REDES GENERADAS POR TODOS LOS EMPLEADOS

A través del desarrollo de bases de datos o de plataformas compartidas –por ejemplo, mediante un sistema de intranet accesible desde todas las terminales de los empleados– es posible compartir redes como si se tratara de una herramienta como *LinkedIn*[43] pero operadas a nivel interno.

El valor agregado de la plataforma es que todos los empleados pueden subir información de sus contactos que pueden ser colaboradores o facilitadores de actividades para la empresa, sean especialistas, posibles empleados, proveedores, potenciales clientes, etc. La actividad en esa red puede ser monitoreada a través de simples códigos de usuario. Lo importante es que cada contacto tenga un "dueño" que juega el rol de presentador frente a otros usuarios de la empresa, por lo que es importante que en esa plataforma quede claro quién aporta ese contacto y solicitar su permiso para entrar en contacto con él.

Puede ser conveniente separar las plataformas para las distintas áreas de la empresa o probar su funcionamiento en alguna área específica, por ejemplo, comenzar trabajando solo con contactos que puedan ser potenciales clientes para que vaya desarrollando el área comercial.

Para garantizar la socialización de la red y que la herramienta efectivamente cumpla con su objetivo, es aconsejable también desarrollar algún incentivo dirigido a la utilización de la plataforma para generar nuevos negocios.

En resumen, una plataforma de este estilo, además de generar un modelo de desarrollo organizacional más transparente, pues socializa los recursos de los que disponen los empleados para cumplir con sus actividades, también le permite a la firma generar mejor información sobre sus clientes y proveedores, y perfeccionar sus transacciones en toda la cadena de valor, al ir utilizando la información subida por los empleados como insumos de decisiones. Además, la herramienta permite monitorear los cambios en profundidad, composición y tipo de vínculos generados a través de dicha herramienta.

Fuente: elaboración propia.

---

[43] http://www.linkedin.com

En Globant, por ejemplo, LinkedIn ha sido una de las herramientas utilizadas para contactar potenciales clientes mediante las redes de contacto de sus empleados. Dado el elevado nivel de competencia en la industria y la inefectividad de una llamada telefónica impersonal de un vendedor sin referencias (*cold call*), la estrategia fue aprovechar al máximo la reputación y conexiones de los empleados como puerta de acceso a clientes para la empresa.

A continuación, se presentan algunas pautas surgidas de la experiencia de los emprendedores que pueden servir para orientar la conducta en la construcción de las redes.

ALGUNAS PAUTAS PARA UN BUEN *NETWORKER*

- ✔ **Ser abierto y participar en eventos de socialización:** es clave circular. Muchas veces los contactos aparecen donde menos los imaginamos. Hay que evitar encerrarse en las paredes de la empresa.
- ✔ **Comenzar por el final:** para identificar contactos relevantes lo aconsejable es saber adónde queremos llegar de antemano y definir los ámbitos en los que debemos movernos.
- ✔ **Construir relaciones "ganar-ganar":** esto implica: a) ponerse en el lugar del otro, b) identificar los intereses de cada parte, c) determinar los resultados que serían aceptables para las dos partes y d) identificar alternativas para lograrlos.
- ✔ **Desarrollar relaciones de largo plazo:** invertir en el desarrollo de contactos sin esperar rendimientos de la relación en lo inmediato.
- ✔ **Mantener y renovar las redes:** los esfuerzos deben estar orientados a mantener la interacción con los contactos evitando que se duerman a la vez que se requiere renovar su composición para enriquecer los perfiles que forman parte de las redes.
- ✔ **Combinar lazos fuertes y lazos débiles:** los lazos fuertes con actores similares aportan apoyo seguro pero los lazos débiles con otras personas pertenecientes a círculos diferentes permiten evitar efectos de encapsulamiento.

Fuente: De Raffaele y otros, 1998: op. cit.

Además de la generación de contactos y el desarrollo de redes de la forma tradicional han proliferado diversas herramientas en Internet que permiten potenciar la capacidad y efectividad de la actividad de *networking*.

El crecimiento vertiginoso de las redes sociales está propiciando el desarrollo de nuevas prácticas para la construcción de redes de contacto con el propósito de acceder a información, compartir recursos y hacer negocios. Si bien algunas de las redes están más orientadas a estar en contacto con amigos y conocidos a nivel social como Facebook, MySpace, Sónico o Xing, también existen las que, como LinkedIn o Twitter, tienen mayor utilidad a nivel profesional y comercial. En el siguiente cuadro se comentan algunas formas de aprovechar los recursos que las redes sociales están habilitando para los emprendedores.

**LAS REDES SOCIALES EN INTERNET
COMO PLATAFORMA DE DESARROLLO DE CONTACTOS
LINKEDIN Y TWITTER**

LinkedIn
LinkedIn se ha convertido en una herramienta muy interesante para contactar y conocer gente en el ámbito profesional y de negocios. Allí es posible encontrar personas de diversas industrias, perfiles profesionales y técnicos, países de residencia y experiencia. La presencia de más de 20 millones de usuarios con un alto grado de penetración entre los perfiles de profesionales *high-tech* lo hace un espacio clave para el *networking*. Realizar búsquedas y contratar recursos humanos, ponerse en contacto con empresas de otras latitudes y desarrollar negocios en conjunto, interactuar con expertos y especialistas en diversos foros de discusión para acceder a información especializada son algunas de las actividades que permite este sitio.
También es una herramienta particularmente útil para comprender la estructura de la red de contactos de la empresa, esto es, su acceso y llegada a diversos perfiles de personas y empresas por localización, experiencia, sector, etc., en función de los actuales vínculos con que se cuenta. Además, permite identificar la ruta de acceso al contacto requerido facilitando los esfuerzos de llegada y posibilita lograr recomendaciones para el desarrollo de nuevos vínculos, que de otra manera, serían más difíciles de generar.

En los inicios de la empresa, puede ser relevante que el equipo de fundadores genere un perfil de LinkedIn que incluya los antecedentes de formación y de experiencia laboral, recomendaciones de terceros y el sitio web de la empresa. También es factible construir un perfil de la empresa comentando sus actividades, visión y misión, y el objetivo del negocio. De esta manera, otros miembros de la red podrán mantenerse actualizados de las novedades de la compañía.

Como contrapartida, también es posible hacer seguimientos de empresas para monitorear incorporaciones de empleados, ascensos y promociones, nuevos responsables de área, y otras novedades corporativas. Esta actividad, junto con el sondeo de perfiles alcanzables dentro de la red, permite estar al tanto de los cambios en la vida profesional de los integrantes de la red de contactos que pueden tener impacto en los negocios y en las oportunidades que puedan abrirse para la empresa.

Twitter

Twitter comenzó siendo una red social cuyo lema es que los usuarios comenten en no más de 140 caracteres diferentes aspectos de sus vidas y trabajos bajo una pregunta rectora: ¿Qué estás haciendo? Si bien la herramienta conceptualmente no ha cambiado en su forma de establecer comunicaciones entre los usuarios, fueron estos últimos quienes ampliaron el concepto e impulsaron nuevos usos posibles.

Técnicamente, mucha gente concibe a Twitter como un servicio de *microblogging* en donde con una frase corta y atractiva las personas pueden promocionar sus blogs o entradas en foros de Internet a través de enlaces a esos sitios.

Se trata de una plataforma en donde cada usuario puede optar por dejar abiertos sus comentarios para que quienes deseen seguirlos –es decir, agregarse a su cuenta como "seguidores"– puedan recibir los "*tweets*" y estar al tanto de las novedades allí volcadas.

Pero más allá de ser una fuente de información general prácticamente ilimitada, puede convertirse en un medio de llegada a potenciales clientes utilizando la plataforma para posicionar a la empresa, generando comunicación con otros usuarios, anunciando lanzamientos de productos, novedades de la empresa o vinculándose con quienes revelen tener intereses similares.

Todo ello puede lograrse mediante los sistemas de búsquedas tipo palabras clave dentro de Twitter.

La generación de "seguidores fieles" –aquellos que realmente valoran la información que reciben de la empresa en la plataforma– habilita efectos multiplicadores a quienes los siguen, permitiendo expandir la llegada hacia usuarios con similares intereses desconocidos para la empresa hasta ese momento.

Una actividad relevante puede ser la de identificar actores clave que mediante sus recomendaciones podrían potenciar la visibilidad y valoración de la empresa, ya que poseen llegada a una gran cantidad de usuarios que apreciarán sus recomendaciones.

Además, puede servir para conocer la reputación de otras empresas y actores de la industria directamente de los consumidores, y cuando la empresa genere su propia visibilidad, podrá recibir *feedback* sobre su valoración actual en el mercado por parte de los usuarios.

Fuente: elaboración propia.

Alianzas estratégicas: gestación y desarrollo

Hasta aquí, nos hemos concentrado en las redes de relaciones colaborativas espontáneas que ayudan a crear y desarrollar las empresas. Pero algunos emprendedores también suelen generar acuerdos de colaboración más explícitos con otras empresas, muchas veces formalizados en contratos, con el propósito de realizar esfuerzos mancomunados en pos de sus objetivos estratégicos. Es hora de hablar de estas alianzas.

La primera cuestión que surge es definir de qué se trata una alianza estratégica. En términos simples, es una reunión de voluntades en torno a un acuerdo de largo plazo que busca el beneficio mutuo sobre la base de la complementación de capacidades y recursos. Con frecuencia, es el resultado de un proceso de interacciones previas y de relaciones colaborativas más espontáneas entre las partes. Las redes suelen brindar una plataforma ideal para la construcción de alianzas dado que el conocimiento previo entre los actores define un marco de confianza y de generación de oportunidades que pueden transformarse en proyectos estratégicos conjuntos.

El atractivo de las alianzas es que permiten obtener beneficios que, en forma individual, no se podrían alcanzar. Por ejemplo, suelen contribuir a que las empresas se focalicen en aquello que mejor saben hacer, articulándose en torno a acuerdos de complementación estratégica con otras empresas más especializadas en aquello que menos dominan o que lo hacen en mayor escala y por lo tanto con mejores costos. De esta forma, se producen ahorros de recursos, se reducen costos de estructura y se disminuyen los riesgos asociados a la operatoria de la firma.

En el plano comercial, las alianzas abren la posibilidad de llegar a mercados a los que difícilmente se accedería sin el apoyo de un aliado estratégico. Los aliados o socios –si la elección es acertada– pueden convertirse en atractivas plataformas de desarrollo de negocios, brindando información, compartiendo redes de contactos y generando reputación en tiempos más cortos para la nueva empresa.

¿Para qué una alianza?

> *Hay que imaginar a un aliado como si se tratara de alguien que se casará con tu hija. Es importante que el socio vea a la empresa como a un hijo, es decir que en vez de cambiar el auto, invierta el dinero en la empresa.* Sergio, socio fundador de Intellisoft.

Las alianzas pueden tener un objetivo específico, fortalecer algún área del negocio, o ser más integrales. Incluso pueden dar lugar a la formación de una empresa conjunta. Los objetivos más frecuentes para desarrollar alianzas estratégicas suelen ser los siguientes:

ALIANZAS ESTRATÉGICAS PARA...

- ✔ Penetrar en nuevos mercados de difícil acceso en los que sea necesario contar con el apoyo de una firma con trayectoria y renombre local para comercializar.
- ✔ Desarrollar nuevos productos o servicios, al acceder a las capacidades innovadoras complementarias de un socio que demandaría recursos y tiempos excesivos para desarrollarlos internamente.
- ✔ Producir bienes o servicios de calidad superior.
- ✔ Compartir desarrollos tecnológicos, intercambiando tecnologías complementarias para las empresas.
- ✔ Acceder a recursos humanos calificados.
- ✔ Aumentar la escala productiva o comercial.

Fuente: elaboración propia en base a Kantis y otros, 2004.

Un rasgo que distingue a los innovadores dinámicos es la precocidad con la que se orientan al desarrollo de alianzas con el propósito de alcanzar dichos objetivos. Una tipología posible de las áreas en las que se pueden desarrollar alianzas y algunos ejemplos se presentan en el siguiente gráfico.

TIPOS DE COOPERACIÓN EN ALIANZAS ESTRATÉGICAS

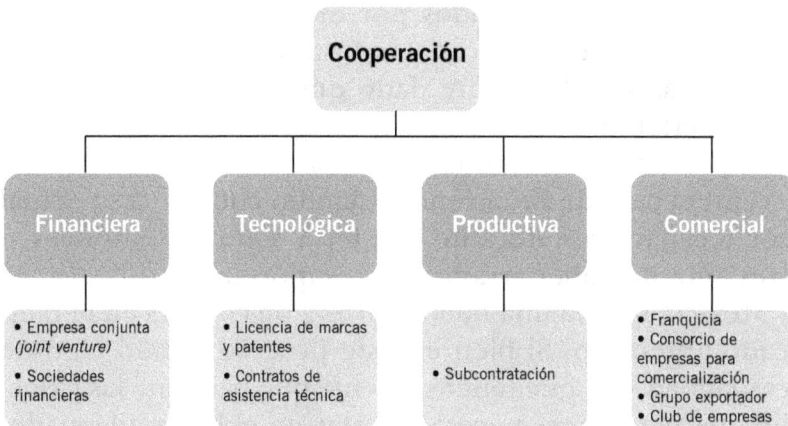

Fuente: Instituto de la Pequeña y Mediana Empresa Industrial, *La decisión de cooperar*, IMPI, Madrid, 2000.

Un ejemplo de *joint venture* es el de la alianza de Body Health con su distribuidor de equipamiento médico polaco. El objetivo del acuerdo era producir y comercializar uno de los insumos utilizados en los tratamientos realizados con el equipo fabricado por Body Health. La empresa conjunta (*joint venture*) se encarga de comercializar desde Polonia hacia todo el mundo y de tercerizar la producción en proveedores de ese país y de Alemania. El proyecto se generó a partir de detectar que en determinados mercados no existía la oferta de ese producto y que ello constituía una restricción para vender los equipos. La comercialización desde Polonia es mucho más sencilla ya que permite obtener rápidamente todas las certificaciones exigidas por la Unión Europea y, al mismo tiempo, la producción es de mayor calidad y menor costo. La relación previa con el distribuidor facilitó el desarrollo de conversaciones y el conocimiento de los valores de cada una de las partes.

Otro acuerdo de características similares es el establecido entre Sicom Ingeniería y la sucursal de la canadiense EECOL Electric Ltda. en Concepción, a través del cual estos últimos se hacían cargo de la distribución de los productos de iluminación realizados por Sicom. Esto le posibilitó ganar posiciones en el canal industrial chileno y aumentar sus ventas sensiblemente dado que las competencias de Sicom eran fundamentalmente técnicas y se complementaban perfectamente con las de EECOL.

En el caso de BioScience, Claudio conoció a su actual socio canadiense durante una feria. Para ese entonces, a tres años de haber arrancado ya exportaba a Chile, Brasil y México, y tenía una buena cartera de clientes en el mercado argentino. Si bien en este proceso existió algo de casualidad, hay que tener presente que para que las casualidades ocurran es necesario estar en el lugar adecuado, en el momento apropiado y estar alerta a las oportunidades. Con esta perspectiva y a partir de entonces, la construcción de la alianza fue el resultado de un proceso deliberado.

El objetivo de esta alianza era incorporar software de punta a los equipos de BioScience a los efectos de poder participar en mercados competitivos con otros equipos similares que brindaban más prestaciones. La empresa canadiense es líder en el sector de software aplicado a la industria y para ingresar al mercado latinoamericano necesitaba un socio, un productor de equipamiento que le garantizara no tener que ocuparse del marketing y de la distribución. Surgía, por lo tanto, una complementación natural y una relación ganar-ganar.

Gracias a esta alianza fue posible lanzar al mercado regional, y también al europeo, una línea de productos que incorpora software de primer nivel con la marca BioScience y sello de calidad de la empresa canadiense –similar a esas etiquetas que dicen Intel Inside en productos informáticos– lo que le daba un posicionamiento muy fuerte y posibilitaba la apertura de nuevos mercados. Esta alianza es un ejemplo de complementación tecnológica y comercial.

ALIANZAS ESTRATÉGICAS: EL CASO DE MAQTEC AUSTRALIA

Cuando recién había concretado la venta de tres máquinas a Australia –una de las cuales funcionaba plenamente y dos con alguna dificultad técnica–, José le propuso a un cliente australiano una alianza estratégica para atender ese mercado. El razonamiento de José ilustra la importancia de transmitir confianza, compromiso y visión de negocios de largo plazo. Pero, en particular, de entender el *timing*, el interés de la otra empresa y qué puede ofrecerle MaqTec. La contraparte es una empresa integral que opera en el negocio de la oliva –desde la sembra hasta la recolección– y, por lo tanto, podía interesarle completar su presencia en toda la cadena de valor con un producto orientado a la recolección. Por otra parte, ya había invertido recursos en el desarrollo del producto cuando compró la primera máquina, un esquema similar al que le proponía José. A priori, podría parecer que el acuerdo no era muy conveniente para MaqTec. Lo que antes conseguía manteniendo el control total de la empresa, ahora requería desprenderse de un porcentaje de las acciones. Sin embargo, desde una mirada estratégica su aporte era clave, tal como indica José:

"El aporte concreto de ellos era de distinto tipo: hicieron funcionar realmente la máquina por primera vez en el mercado, o sea, quedó demostrado inclusive para nosotros que la máquina funcionaba bien. La segunda cosa que fue importante es que iban haciendo una cantidad de sugerencias desde el punto de vista técnico que eran muy importantes para la parte operativa. La tercera es que nos ayudaron a generar en el mercado el efecto de entropía. Había muchas soluciones posibles, pero ellos nos ayudaron a instalar la idea de que ésta era la mejor. Esta empresa era el viverista número uno del mercado australiano, todo el mundo le había comprado plantas, tenía el mejor técnico, asesoraba a todos los proyectos olivícolas en Australia. Es la empresa que tiene la mayor credibilidad en el mercado. Entonces, era el referente, por eso nosotros buscamos asociarnos con ellos. La alternativa podía ser no vender nada."

La lección que deja esta experiencia podría ser expresada de la siguiente manera: "Es preferible compartir la propiedad de una montaña que ser el dueño exclusivo de una piedra". La alianza fue fundamental para la empresa por sus aportes en lo productivo, comercial, tecnológico y financiero. Pero, principalmente, por haber ayudado a acortar los ciclos de aprendizaje y de penetración en mercados complejos, incluyendo el español, que pasó a ser poco más tarde el principal mercado de la empresa.

Fuente: elaboración propia en base a casos relevados.

Para ingresar en mercados como el estadounidense y el japonés, Delta Biotech eligió desarrollar una alianza productivo-financiera-comercial con una empresa europea. Su primer intento de vinculación con una empresa suiza no pudo concretarse pero le sirvió para conocer a otra empresa suizo-italiana con la que actualmente tiene una alianza.

La contraparte aportó financiamiento para la adaptación de las instalaciones productivas de Delta con el propósito de desarrollar productos orientados a mercados más exigentes en los cuales su aporte comercial es muy valioso. A cambio, Delta cedió un porcentaje de las ganancias generadas en dichos mercados. Como resultado de este acuerdo, en un muy breve lapso, han logrado ingresar a los mercados italiano, español, norteamericano y al japonés.

En el caso de Recycla, los socios fueron a las embajadas de Estados Unidos y Canadá para informarse acerca de cuáles eran las empresas líderes en la industria de reciclaje electrónico. Entonces decidieron viajar a Norteamérica y se presentaron ante la empresa Maxus Technology, líder del tema en Canadá y Estados Unidos. Cuando los invitaron a explorar la posibilidad de desarrollar una alianza estratégica los de Maxus les preguntaron: "¿Qué tienen ustedes para ofrecer?". La respuesta no se hizo esperar: "Una planta de reciclaje, la primera en Sudamérica". Esta convicción fue muy relevante para comenzar a gestar la alianza, inclusive desde antes que estuviera finalizada su planta. El aporte de Maxus fue fundamental, dado que contaba con un vasto *know how* y buenas prácticas que fueron absorbidas paulatinamente por Recycla.

¿Cómo elegir un aliado y negociar?

Como en toda relación, cada parte posee sus propios intereses, en tanto que el poder de negociación suele ser dispar. En principio, el poder de negociación de las nuevas empresas suele ser escaso en sus comienzos. Sin embargo, como se ha comprobado, los innovadores dinámicos revelan que es posible hacer acuerdos estratégicos de mediano y largo plazo con empresas de mayor trayectoria aun desde temprano. La clave está en contar con las capacidades y el potencial de negocios requerido y con la habilidad para vender el proyecto.

Lo primero es poder detectar áreas de complementariedad y que cada una de las partes sienta que puede conquistar una situación superadora como fruto de la alianza. Tal como se vio en el caso de MaqTec, una alianza puede ayudar a acortar significativamente los tiempos de aprendizaje, a construir reputación y a complementar sus capacidades comerciales y tecnológicas. En el caso de los socios de origen extranjero, esto significa la posibilidad de avanzar de manera más firme en mercados internacionales. Para ser una empresa global, suele ser muy importante tener socios locales.

En este marco, elegir un buen aliado es crítico. Es fundamental identificar los activos complementarios de cada parte: el posicionamiento de mercado, los canales de comercialización, la imagen de marca, las capacidades de brindar servicios de postventa, la tecnología, las espaldas financieras, son algunas de las dimensiones principales consideradas en esta instancia.

También es necesario considerar algunas variables *soft* tales como los antecedentes de la relación, el grado de entendimiento en la comunicación, la existencia de una plataforma básica de confianza, de niveles de compromiso similares, de valores compatibles, de objetivos confluyentes y de una visión compartida de largo plazo. A ello debe sumarse que el aporte de las partes a la alianza sea relativamente simétrico y recíproco, es decir, que la contribución del acuerdo al logro de los objetivos de cada empresa esté bien claro. Estas cuestiones merecen especial atención cuando se trata de alianzas entre nuevas empresas y firmas consolidadas de gran porte. Es muy importante sopesar adecuadamente en qué medida la existencia de asimetrías puede ser compensada por las ventajas y el atractivo que puede ofrecer la firma joven.

Una vez elegido el candidato, estas cuestiones también se vuelven críticas a la hora de negociar los términos del acuerdo. En este sentido, es muy importante no apresurarse en las negociaciones. La siguiente definición de Claudio de BioScience es elocuente:

> *El balance de la alianza es positivo. Sin embargo, si la hubiese concretado hoy considero que hubiera negociado mejor que en ese momento. El hecho de estar en un país periférico, con poca tecnología creo que me condicionó. No negocié como debería haber negociado, en ocasiones uno tiene más poder de negociación de lo que piensa. Aceptamos una negociación en la que la otra parte impuso condiciones máximas y nosotros no acordamos condiciones tan favorables como podríamos haber concretado. Esta negociación condicionó una relación histórica que después no pudimos modificar.* Claudio, socio fundador de BioScience.

Sin embargo, también debe tenerse presente que construir una alianza es un proceso dinámico en el cual es fundamental desarrollar indicadores que permitan monitorear su salud a lo largo del tiempo, especialmente en los comienzos. En este sentido, el nacimiento de una alianza comparte muchos de los rasgos que caracterizan a un *start up*, aunque en el primer caso la propiedad y el cuidado organizacional son de responsabilidad compartida, lo cual agrega niveles de complejidad organizacional importantes.

El día a día de las alianzas

La gestación y la puesta en marcha de una alianza estratégica insumen una importante porción de tiempo, en particular cuando se trata de la fundación de una nueva empresa conjunta (*joint venture*).

La experiencia indica que en la gestación y puesta en marcha de una alianza existe un conjunto de factores que inciden en su funcionamiento. La siguiente tabla menciona algunas prácticas destacadas en la creación y gestión de alianzas estratégicas exitosas.

ALGUNAS PRÁCTICAS TEMPRANAS PARA
LOGRAR ALIANZAS ESTRATÉGICAS EXITOSAS

- **Identificar intereses comunes que puedan ser satisfechos en una alianza estratégica.** Construir relaciones ganar-ganar es clave para que tenga sentido el esfuerzo de coordinación y de recursos de cada parte.
- **Buscar complementariedades y aliados que potencien las capacidades, pero también que compartan valores y niveles de compromiso.** El conocimiento previo de la contraparte ayuda a tener menos riesgo de equivocarse. También las referencias que puedan obtenerse por parte de otros referentes de la industria.
- **Usar la conducta como signo que refuerce la confianza entre las partes.** Son fundamentales en ausencia de otros mecanismos de monitoreo y control. Los sistemas de información compartidos pueden ser útiles para dar soporte a estos gestos y señales.
- **Tener comunicación fluida e intensa dedicación en los comienzos.** Establecer rutinas de conversación es importante para fortalecer el vínculo, generar expectativas y canales claros.
- **Definir roles y expectativas claras entre las partes.** Ayuda a eliminar malentendidos y a la efectividad y eficiencia de la gestión.
- **Definir cronogramas de trabajo y compromisos de recursos.** Permite que los acuerdos "aterricen" a niveles monitoreables.

Fuente: elaboración propia en base a casos relevados.

El punto de partida para la gestión exitosa de una alianza es establecer roles claros, dividir tareas, delimitar claramente los alcances de la alianza (por ejemplo, para qué actividades, sobre qué mercados, etc.) y los recursos comprometidos por cada una de las partes. Cuanto más clara y especializada sea la distribución de roles más simple será el gobierno de la alianza.

También es fundamental definir un programa de trabajo que contenga metas compartidas y tiempos para alcanzarlas, así como mecanismos simples para tomar decisiones y tratar las diferencias entre las partes.

Es necesario tener presente que el acuerdo inicial es solamente una plataforma que define las expectativas que luego, en el día a día, se verán ratificadas o defraudadas. Por lo tanto, además de contar con reglas claras es muy importante la interacción y la comunicación fluida entre las partes, incluyendo no solo a los gestores de la alianza sino también al resto del equipo de la empresa. Muchas alianzas fracasan en la cotidianeidad, precisamente por la falta de comprensión de su papel estratégico por parte de quienes operan en los niveles operativos de las empresas aliadas.

Una cuestión muy importante es generar mecanismos de circulación de la información acerca de la marcha de la alianza que ayuden a reforzar la confianza entre las partes. Sin embargo, en algunos casos puede haber desfases temporales hasta que la confianza se genera, dando lugar a asimetrías de información que serán procesadas mejor o peor en función del vínculo entre las partes. Los lazos personales son, por lo tanto, un activo fundamental para evitar malentendidos.

Lo ideal en estos casos es armar sistemas de información compartidos (bases de datos accesibles vía Internet), sistemas de informes permanentes entre las partes sobre stocks, ventas, movimiento de mercadería, gastos, inversiones y situación financiera del proyecto. De todas formas, la confianza juega un papel irreemplazable, y en este sentido es muy importante atender a los "signos" y gestos que cada parte emita hacia la otra.

Por ejemplo, el tiempo que asigna cada una a atender las necesidades de desarrollo de la alianza, la velocidad de respuesta ante consultas de la otra parte, la puntualidad en los encuentros, entre otros. El compromiso de las partes también se mide en base al tiempo asignado a conversar con el socio. Es importante encontrar los espacios para entablar conversaciones que, junto con la mirada en la marcha de lo operativo, puedan apuntar a las cuestiones de mediano y largo plazo. Establecer rutinas de interacción es muy relevante, dado que ayudan a regular las expectativas y a canalizar las inquietudes.

Otra cuestión importante es especificar el horizonte temporal para revisar eventuales cambios en las condiciones de contexto que puedan incidir sobre la vigencia de los términos del acuerdo. La palabra clave en este caso es flexibilidad.

Por otro lado, los conflictos son parte natural de la vida de las organizaciones. Las alianzas no son, en este sentido, casos excepcionales. Sin embargo, tener presente los motivos más frecuentes en torno a los cuales se dan estas situaciones puede ayudar a anticiparse y a disminuir sus posibilidades de ocurrencia.

PRINCIPALES CAUSAS DE CONFLICTO O DE FRACASO EN UN ACUERDO DE COOPERACIÓN

- ✔ Establecer un acuerdo en condiciones forzadas.
- ✔ Incompatibilidad entre los diversos socios cooperantes por diferencias en:
    - i) la filosofía de gestión,
    - ii) planteamientos sobre los criterios de éxito (por ej.: tiempos de maduración de los esfuerzos),
    - iii) el nivel esperado de éxito,
    - iv) la definición de la actividad,
    - v) grado de involucramiento en el proyecto,
    - vi) expectativas de beneficios en horizontes de tiempo distinto entre los socios.
- ✔ No tratar profundamente el aspecto de las transferencias de tecnología e informaciones de una empresa a otra.
- ✔ Indefinición de la estrategia y de la estructura de la cooperación.
- ✔ Defensa incondicional de posiciones demasiado estrictas.
- ✔ Abusos de poder y pérdida de autonomía.
- ✔ Supervisión inadecuada del funcionamiento de la cooperación.
- ✔ Control ineficaz de la ejecución de las acciones y del funcionamiento de las estructuras.

Fuente: IMPI, 2000: op. cit.

En resumen, las alianzas pueden ser herramientas poderosas para el desarrollo de la estrategia de expansión de la empresa en la medida en que pueda tenerse en cuenta los factores que contribuyen al éxito.

Preguntas y ejercicios para seguir aprendiendo

Para emprendedores

1. A la luz de las experiencias presentadas en el capítulo, ¿se anima a autoevaluar el perfil de sus redes actuales con la perspectiva del desarrollo de su emprendimiento? Le proponemos que haga el siguiente ejercicio:

   a. Haga un listado de las principales personas con las que conversó sobre aspectos relevantes del emprendimiento en los últimos dos meses.

   b. Clasifique a esas personas en el siguiente cuadro:

Perfil de contacto (*)		Cantidad	% sobre total
Actividad	**Vínculo**		
Específicos			
No específicos			
TOTAL			**100**

(*) Se define como **contacto específico** a toda aquella persona del mundo de los negocios (por ejemplo, otros empresarios pyme, ejecutivos de grandes empresas, inversores, profesionales y consultores de empresas, otras personas que tengan conocimientos valiosos del sector/actividad del emprendimiento). Los contactos **no específicos** son todos los que no entran en la definición anterior.

2. En base a los resultados del ejercicio anterior, analice el perfil de contactos que predomina en su red. ¿Existen oportunidades de mejora? Identifique tres acciones concretas para incluir en su agenda de corto plazo.

3. Respecto de sus contactos actuales, ¿suele realizar acciones concretas para mantener el vínculo activo? ¿Qué tiempo de su agenda le dedica a tales acciones?

4. ¿Cuántos contactos valiosos para su emprendimiento podría identificar como "dormidos" o "inactivos"? ¿A qué se debe? ¿Qué actividades podría realizar para despertar esos contactos? ¿Utiliza redes sociales (por ej.: LinkedIn, Facebook, Twitter) para darse a conocer e interactuar con otros emprendedores? ¿Participa de foros o blogs de emprendedores?

5. Liste en una hoja las principales personas que desearía conocer para favorecer el desarrollo de su emprendimiento. ¿Ya lo hizo? Ahora anote al costado derecho de cada nombre qué aporte espera de esa persona. Piense en cómo puede entrar en contacto con ella: ¿tiene conocidos en común? ¿Ha explorado a través de las redes sociales? ¿Conoce los ámbitos por los cuales circula?

6. En base a las experiencias presentadas en el capítulo, ¿en qué medida cree que una alianza estratégica sería beneficiosa para su emprendimiento? ¿Por qué? En caso afirmativo, identifique tres razones que lo lleven a pensar de esa forma. ¿Qué objetivos plantearía para esa alianza? ¿Qué perfil debería tener la contraparte? ¿Cómo la buscaría?

7. A la luz de lo leído en el capítulo, ¿qué criterios utilizaría para definir si una propuesta concreta para establecer una alianza le conviene o no para el desarrollo de su empresa? ¿Qué aspectos de la contraparte y cuáles del negocio tendría en cuenta a la hora de tomar una decisión?

8. Si ya tiene una o más alianzas, ¿qué indicadores suele utilizar para evaluar la marcha del acuerdo? ¿Qué resultados obtuvo su aporte real para el desarrollo de su empresa?

Para docentes e investigadores

1. Las redes de contacto han demostrado jugar un rol muy importante en el proceso de creación y desarrollo de las empresas innovadoras dinámicas. Ahora bien, ¿cuáles son los fundamentos teóricos que explican esta situación?

2. ¿Qué tipos de redes son las más utilizadas por los emprendedores? ¿Existe un cambio en la composición de las redes a lo largo de la vida de la empresa? ¿A qué se debe? ¿Existen diferencias en términos de cantidad y perfil entre las redes de contacto de los emprendedores innovadores dinámicos y las del resto de los emprendedores?

3. ¿La construcción de redes de contacto es un atributo de personalidad o una capacidad? ¿En qué medida es posible desarrollarla? ¿Qué lecciones surgen del capítulo para pensar en el diseño de cursos de formación de emprendedores? ¿Conoce experiencias en la materia? ¿Qué opinión le merecen?

4. ¿Qué le ofrece en términos de beneficios y qué costos implica para una nueva empresa innovadora dinámica la construcción de una alianza?

5. ¿Cuáles serían los diez mensajes centrales que debería transmitir un curso de formación de emprendedores acerca del proceso de construcción de alianzas estratégicas?

6. ¿Cuáles son las principales razones que llevan al fracaso de las alianzas entre empresas? ¿Qué lecciones se pueden obtener de estas experiencias para el diseño de nuevos contenidos de formación de emprendedores?

7. A la luz de los contenidos del capítulo, identifique al menos tres cuestiones aún poco exploradas por la bibliografía que podrían dar lugar a una agenda de investigación sobre el proceso de construcción y gestión de redes y alianzas en el caso de empresas innovadoras.

Para responsables de programas y profesionales de apoyo

1. Dada la relevancia de las redes en el proceso de gestación y desarrollo de empresas innovadoras, ¿cree que hay algo que se pueda hacer para fomentarlas?

2. ¿Qué papel pueden jugar, respectivamente, el sector privado y los Estados en sus distintos niveles? ¿En qué medida las políticas públicas pueden complementarse con el sector privado?

3. ¿Qué rol podrían jugar las redes sociales existentes en la web en el fomento de las redes de contacto entre los emprendedores?

4. ¿Qué tipo de intervenciones se pueden pensar para facilitar el proceso de formación de alianzas de emprendedores innovadores dinámicos?

5. ¿Cuáles son los principales riesgos que enfrentan las alianzas? ¿Cuáles de ellos pueden ser mitigados por los emprendedores? ¿Qué se puede hacer desde los programas de apoyo para contribuir en esta dirección?

CAPÍTULO 8

LA GESTIÓN FINANCIERA

- *¿Cómo financiar un emprendimiento innovador?*
- *¿Cuáles son las fuentes de financiamiento para cada etapa del negocio?*
- *¿Qué se debe tener en cuenta para administrar los recursos al inicio y en la expansión?*
- *¿Qué papel juegan los inversores, el capital emprendedor y las alianzas estratégicas en el financiamiento del negocio?*
- *¿Cómo buscar y prepararse para acceder a financiamiento de inversores?*

Buena parte del mundo emprendedor –incluyendo las instituciones de apoyo, los gobiernos y los propios empresarios– considera el financiamiento como un tema central en la agenda para promover a las nuevas empresas de rápido crecimiento. En el caso de las empresas tecnológicas, la gestión del financiamiento cobra especial relevancia debido a la existencia de barreras específicas para acceder a los recursos. Ello se ve reflejado en diversos estudios que revelan las dificultades que enfrentan las nuevas empresas innovadoras.[44]

Por ejemplo, deben iniciar sus operaciones con una escala menor que la que sería deseable, con un nivel tecnológico inferior o incluso posponer el lanzamiento del negocio, todas decisiones que, en el mundo tecnológico, no son gratuitas.

---

[44] Mason, C.: "El financiamiento y las pequeñas y medianas empresas", en Kantis, H. (ed.): *Desarrollo y gestión de Pymes: aportes para un debate necesario*, Universidad Nacional de General Sarmiento, Buenos Aires, 1998; Storey, D.: *Understanding Small Business Sector*, Routledge, 1994; Kantis, H.; Angelelli, P. y Moori-Koenig, V.: op. cit.; Ascúa, R.: *Financiamiento para pequeñas y medianas empresas. El caso de Alemania. Enseñanzas para Argentina*, Comisión Económica para América Latina y el Caribe (CEPAL), Buenos Aires, 2005.

Se trata de emprendimientos y de empresas con un componente importante de activos intangibles cuya valuación no es sencilla. Además, los riesgos asociados al proceso de innovación dificultan su evaluación haciendo necesaria la presencia de instrumentos financieros apropiados y de actores especializados en este tipo de negocios. Por lo tanto, su valor patrimonial suele ser subestimado por los bancos.

El siguiente cuadro muestra las principales consecuencias de la falta de acceso a financiamiento para los innovadores dinámicos. Según puede apreciarse, existen conductas defensivas (achicarse, salir más tarde, resignar nivel tecnológico) y otras más ofensivas (buscar un socio o apoyo entre proveedores y clientes).

CONDUCTAS DE LOS EMPRENDEDORES
ANTE LA FALTA DE FINANCIAMIENTO EN AMÉRICA LATINA

Ajustar la escala	**57%**
Buscar apoyo en proveedores y clientes	**47%**
Resignar nivel tecnológico	**41%**
Lanzar la empresa más tarde de lo deseable	**32%**
Conseguir nuevos socios	**15%**

Fuente: Kantis y otros, 2004: op. cit.

Ante la primera opción, algunos emprendedores prefieren redefinir el foco de su negocio para poder disminuir los requerimientos de fondos sin resignar niveles de ambición. Tal fue el caso de Germán con Delta Biotech, quien ante la negativa de los inversores externos para financiar su proyecto de alimentos enriquecidos con vitaminas decidió dedicarse a la fabricación de ciertas enzimas.

La búsqueda de apoyo en proveedores es una alternativa muy común. Paradójicamente, los contextos recesivos, si bien suelen ser negativos desde la perspectiva de la demanda, pueden llegar a ser relativamente más benévolos para este tipo de acciones. Para Body, por ejemplo, el contexto de crisis significó la posibilidad de acceder a proveedores de calidad que estaban atravesando por serias dificultades económicas y necesitaban clientes, independientemente de las condiciones de pago que pudieran negociar. Esto fue una ventaja fundamental para desarrollar piezas, algo que, en otro momento –con proveedores trabajando sin capacidad ociosa–, hubiera sido mucho más complejo.

El *start up*

Además de las dificultades para acceder a los recursos, los emprendedores suelen tener restricciones para dimensionar las necesidades de financiamiento y, con cierta frecuencia, subestiman los fondos que terminan siendo necesarios para desarrollar el proyecto. Ello no siempre ocurre por falta de experiencia o capacidad de cálculo, sino porque las emergencias y las contingencias propias de los proyectos innovadores hacen muy difícil una estimación más precisa. Cuando es posible, por lo tanto, es recomendable incluir en los cálculos ciertos "márgenes de seguridad" y tener en el radar alguna otra fuente de recursos de última instancia para atender a las contingencias.

Aun cuando siempre puedan ocurrir emergencias, algunos inversores ángeles* recomiendan hacer el ejercicio de construir el presupuesto del primer año, con un escenario hipotético lo más realista posible con la información disponible, además de la típica proyección más gruesa a más largo plazo.

¿Cómo consiguen estos recursos los innovadores dinámicos para lanzar su empresa al mercado? Los estudios efectuados en América Latina y el resto del mundo dan cuenta de que la principal fuente de financiamiento son las propias: funda-

---

* Los inversores ángeles son personas con experiencia empresarial, deseosos de aportar capital, consejos y contactos que ayuden a crecer a las nuevas empresas más promisorias y a multiplicar el dinero invertido al cabo de algunos años.

dores, familiares y amigos (en inglés, conocidas como las 3 F por *founders, family* y *friends*). Según la bibliografía internacional, la composición de las fuentes propias y externas varía a lo largo del tiempo, tal como se ilustra en el siguiente gráfico.

FINANCIAMIENTO DE LAS PRIMERAS FASES DE UN EMPRENDIMIENTO

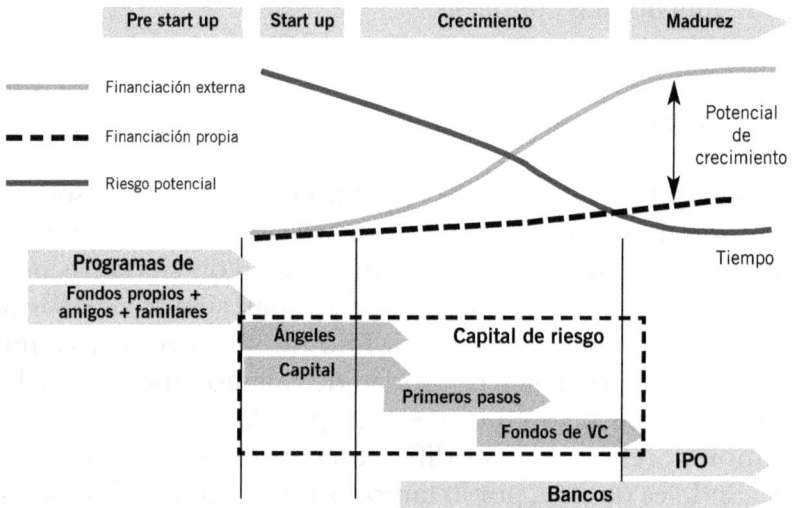

Fuente: Ascúa R., en base a Mason, C., op. cit.

La financiación a través de recursos propios es fundamental en los inicios. La presencia de varios fundadores en el equipo emprendedor permite ampliar las posibilidades de utilizar capital propio para financiar el emprendimiento, ya sea porque es posible volcar al proyecto más fondos de los fundadores o de su entorno, o porque posibilita que alguno o varios socios puedan mantener otra fuente de ingresos alternativa hasta que el proyecto comience a liberar fondos.

Con el tiempo, el crecimiento del negocio habilita el acceso a fuentes de financiamiento externas. La oscilación entre fondos propios y externos es muy frecuente entre los emprendedores dinámicos, con vistas a mantener el control del negocio y valorizar la compañía hasta que la necesidad de una inyección de fondos externos sea indispensable para la expansión. De esta manera, capitalizan sus esfuerzos, intentando conseguir una valorización mayor de la compañía a la hora de vender una porción de su capital a terceros. Además, y en particular para acceder a inversores –algo de lo que nos ocuparemos en secciones siguientes– es importante mostrar que los fundadores del emprendimiento han apostado fuerte por el proyecto invirtiendo en la empresa no solo su tiempo, sino los recursos propios que poseen para apalancarlo.

En los países de América Latina, el problema del financiamiento es mayor que en otras latitudes dado que la oferta de productos financieros ajustados a las necesidades de los emprendedores se encuentra subdesarrollada. Tampoco las líneas de financiamiento de programas de apoyo público (subsidios, créditos con facilidades) tienen una cobertura significativa.

FUENTES DE FINANCIAMIENTO UTILIZADAS POR LOS INNOVADORES DINÁMICOS PARA INICIAR EL NEGOCIO EN AMÉRICA LATINA	Porcentaje utilizado
Ahorros personales de los fundadores	81
Clientes (adelantos)	24
Proveedores (crédito comercial)	21
Parientes y amigos	18
Compra de maquinaria usada	17
Tarjeta de crédito de los fundadores	16
Sobregiros en cuenta corriente	15
Préstamos bancarios	12
Inversores privados	9
Retraso en el pago de impuestos	8
Retraso en el pago de salarios	5
Factoreo	4
Retraso en el pago de servicios	3
Fondos de capital de riesgo	3
Préstamos de instituciones nacionales públicas	1
Subsidios de instituciones nacionales públicas	1
Préstamos de gobiernos locales	1
Subsidios de gobiernos locales	1

Fuente: Kantis y Angelelli, op. cit.

En este contexto, los innovadores dinámicos conjugan los recursos propios y de la red social cercana (parientes, amigos) con una serie de medidas que la bibliografía internacional identifica con la denominación de *bootstraping*, que se refieren a las prácticas destinadas a disminuir las necesidades de financiamiento.

Lo que estas estadísticas muestran, a nivel agregado, también puede observarse con mayor detalle en las experiencias concretas de numerosos emprendedores.

GESTIÓN FINANCIERA INICIAL
EN EMPRENDIMIENTOS INNOVADORES DINÁMICOS

Diego y Fernando invirtieron todos sus ahorros para lanzar Body Health. Pero para desarrollar la primera máquina también debieron sumar el sueldo que cada uno de ellos percibía en sus respectivos trabajos. Además, Fernando aportó espacio físico de oficinas que pertenecían a su familia y recién cuando la empresa comenzó a vender empezó a cobrar el alquiler.

TV Esporte Interactivo también financió su etapa de desarrollo inicial con ahorros de los tres socios, que habían logrado acumular durante su trayectoria profesional. Sin embargo, luego de este primer período de financiamiento propio, se sumaron 14 accionistas personales, que inyectaron alrededor de U$D 1.300.000 al emprendimiento.

Cuando alguno de los fundadores ya tiene una empresa, esta suele ser una fuente de recursos importante. En MaqTec, Carlos aportó algunas máquinas, instalaciones e inclusive personal de su empresa anterior. Estos esfuerzos sirvieron para llegar a la producción de las primeras máquinas cosechadoras.

Otro tanto ocurrió con Mariano, de Three Melons, cuya compañía de servicios de software permitió generar fondos que se aplicaron a la nueva empresa. Además, consiguió el apoyo de sus familiares, quienes invirtieron dinero para la contratación de recursos humanos de primer nivel para desarrollar productos durante los primeros ocho meses. Una vez creada la empresa, la venta de servicios generó los recursos para desarrollar el proceso de I+D. Lo mismo hizo Artinsoft: financió años de I+D con la venta de servicios hasta corregir su producto de migración de software. Esta estrategia es muy usual entre las firmas de software.

Technisys y Core nacieron como *garage ventures*. Los principales recursos de estas empresas eran los conocimientos y las capacidades emprendedoras de sus fundadores. La inversión necesaria para arrancar fue pequeña, principalmente computadoras.

Otros emprendedores consiguieron financiarse con los adelantos de clientes para el desarrollo del proyecto. Tal es el caso de Infoxel, que se inició con muy pocos recursos, proveyendo servicios a ARCOR y a otras empresas cordobesas; de BioScience, que se financió inicialmente con su primer cliente FLENI, además del aporte de capital de una médica conocida de Claudio y Antonio.

En el caso de Germán, de Delta Biotech, ante las negativas de los inversores con los que había estado en contacto se decidió seguir otro camino. Durante 2002, estuvo madurando la idea de la empresa hasta que finalmente, en 2003, consiguió un espacio físico en un laboratorio que le permitió empezar a desarrollar el producto. Lo interesante es la forma en que financió el alquiler, dado que acordó con el laboratorio pagarle con la venta de servicios de asesoramiento técnico. Con este esquema, financió el primer desarrollo de producto y el viaje a la India, donde consiguió su primer cliente.

También existen los emprendimientos que son financiados desde sus inicios por programas o instituciones gubernamentales. En el caso de Acruxsoft, fue posible acceder en forma muy temprana al financiamiento del Fondo Emprender, que forma parte de la Red Emprender de Uruguay y está manejado por Prosperitas Capital Partners, la primera empresa de *venture capital* del Uruguay. Intellisoft, por su parte, obtuvo financiamiento inicial proveniente de fondos y accionistas de los Estados Unidos. En Chile, sobresalen los emprendimientos que recibieron apoyo público, específicamente de la CORFO, dentro de estos se destacan Diagnotec, YX Wireless, Wetland, Recycla y Sicom Ingeniería. En tanto, en Costa Rica, SCM Metrología fue financiada por el Consejo Nacional de Ciencia y Tecnología (CONICIT). En todos los casos, el aporte inicial de las instituciones públicas fue de alrededor de U$D 50.000. Los montos fueron mayores en los casos de MaqTec, Thecnysis, BioScience, Delta Biotech y Three Melons, que recibieron subsidios del Fondo Tecnológico Argentino (FONTAR).

Fuente: elaboración propia en base a casos relevados.

Los ejemplos anteriores ponen de manifiesto algo muy propio de la gestión financiera de los emprendedores en los comienzos: los recursos utilizados para lanzar el proyecto son limitados, provienen de las más diversas fuentes y, en ocasiones, son facilitados por terceros en forma de préstamos a cambio de servicios, de una promesa futura de pago, o incluso de favores sin contraprestación alguna. De esta manera, intentan disminuir la dependencia del financiamiento externo y ponen en valor el aporte de diversos recursos que consiguen, muy frecuentemente, a través de sus redes de contacto.

> *Dos de nosotros fuimos a trabajar en el exterior, realizando consultoría* in-company *en Estados Unidos. Básicamente lo que hacíamos era cobrar nuestro salario allá y usarlo para contratar el equipo de trabajo en Argentina que desarrollara el producto. Ese era el modelo. Lo pusimos en práctica durante un año y fue un modo de financiarnos porque no era posible acceder al capital y necesitábamos empezar a desarrollar el producto con un equipo.* Emiliano, fundador de Core Security Technologies.

La gestión financiera del crecimiento

Una vez que la empresa ha ingresado al mercado, la gestión financiera de la caja cobra especial importancia. Ello es necesario para evitar crisis de crecimiento por la aparición de cuellos de botella financieros. El éxito mal administrado puede conducir a las crisis de la empresa.

Por otra parte, el riesgo que asumen los emprendedores adquiere otra dimensión. Según Diego, de Body Health, los

208

agujeros que al principio pueden cubrirse vendiendo el automóvil, en la expansión adquieren otra magnitud. Un error de cálculo o un cambio de contexto pueden implicar desfases financieros severos para la salud de una empresa.

Lograr un flujo equilibrado no es algo sencillo para los emprendedores dinámicos. Según nuestras investigaciones, tres de cada cuatro enfrentan este tipo de dificultad a la hora de lanzar la empresa, un problema que persiste en los primeros años de vida para cerca de la mitad de ellos.

FUENTES PRINCIPALES DE FINANCIAMIENTO DE LOS INNOVADORES DINÁMICOS EN LAS DISTINTAS ETAPAS DEL NEGOCIO[45]

INGRESO AL MERCADO	CRECIMIENTO
Ahorros personales y préstamos de familiares	Reinversión de utilidades
Postergación del pago de salarios a los socios	Proveedores y clientes
Compra de equipamiento usado	Ingresos por servicios / áreas de negocio *no core*
Proveedores y clientes	Alianzas estratégicas*
Recursos de empresas previas de alguno de los fundadores	Créditos bancarios de corto plazo
Tarjeta de crédito personal (socios)	Sobregiro en cuenta corriente
Préstamos bancarios personales	Inversores ángeles

* Aunque no siempre aportan recursos financieros en forma directa, son una conexión esencial para conseguir otras fuentes de financiamiento.
Fuente: elaboración propia en base a casos relevados y Kantis, H.: op. cit.

---

[45] Si bien aquí no se profundizará sobre sus características y formas de acceso, es importante mencionar otros instrumentos financieros alternativos como el *leasing*, el *factoring*, el descuento de cheques en bolsa y los avales de sociedades de garantías recíprocas que pueden ser herramientas útiles para las empresas cuando están disponibles.

Para hacer frente a estos desequilibrios, las fuentes de financiamiento utilizadas en la fase de crecimiento presentan algunas diferencias con respecto a la etapa de lanzamiento. La reinversión de utilidades quizá sea la más frecuente aunque también existen algunos casos que han desarrollado alianzas estratégicas con otras empresas o accedido a inversión de riesgo.

Para lograr una caja equilibrada es necesario poder prever las necesidades financieras del negocio, algo que no suele ser sencillo. El crecimiento empresarial tiene implicaciones financieras distintas de acuerdo con la industria y el modelo de negocio del emprendimiento.

Especialmente en el caso de las empresas de productos industriales, las necesidades financieras se hacen visibles rápidamente cuando crecen los pedidos de los clientes. Conquistar nuevos clientes puede implicar una duplicación y hasta una triplicación de los valores previos de operación. El capital de trabajo es el rubro que marca el termómetro.

El capital de trabajo nunca te alcanza. Yo creo que es uno de los límites de este tipo de modelo de compañía. De nada sirve meterte en diez negocios diferentes si no se dispone de capital de trabajo para apalancarse. La necesidad de capital para apalancar el capital de trabajo de una compañía es un límite. Sería posible en el caso de un negocio con márgenes de rentabilidad grandes. Entonces, cuando la empresa es joven crece rápidamente hasta un límite y después se estanca porque necesitas capital de trabajo, lo más importante en nuestro caso. No es lo mismo facturar 200.000 dólares, que 3.000.000. Claudio, CEO y fundador de BioScience.

En este sentido, contar con una estructura de abastecimiento y producción flexible puede ayudar a reducir las necesidades de recursos para inversión. Por ello, para algunas empresas sigue siendo clave acceder a adelantos por parte de los clientes.

El financiamiento de los clientes para nosotros era y es, todavía, indispensable y fundamental porque no tenemos capital propio para financiar el capital de trabajo. Como nuestro capital de trabajo es caro, la única manera de hacerlo es con el capital del cliente. José, chief business developer de MaqTec.

Cuando estimar la demanda es difícil, lo ideal es generar un colchón de financiamiento que permita operar con cierta tranquilidad, pero ello no siempre es posible. Gestionar una línea de financiamiento de corto o mediano plazo y acceder a la banca privada permite enfrentar los inconvenientes ya comentados. El uso de instrumentos financieros de la banca tradicional generalmente está limitado por las condiciones de acceso, pero además los volúmenes otorgados están en función de los activos que pueda garantizar la empresa, y no del tamaño de las oportunidades de negocio que tenga. Es decir que son instrumentos apropiados para financiar capital de trabajo o inversiones de pequeña escala.

Algunos emprendedores consiguen capitalizar frente a las instituciones bancarias su trayectoria como titular de una empresa previa o aún existente, en tanto que otros buscan superar estos escollos mediante la utilización de servicios provistos por fondos de garantías.

En ocasiones es posible gestionar créditos en condiciones preferenciales que ofrece la banca pública o incluso alguna línea de subsidios para actividades tecnológicas que suele disponer el gobierno. Algunos de estos casos ya fueron mencionados en párrafos anteriores de esta sección, tales como las empresas que recibieron aportes no reembolsables de CORFO, en Chile; FONTAR, en Argentina; de CONICIT en Costa Rica o de FINEP en Brasil.

En el caso de las empresas de software, el crecimiento acelera los requerimientos de personal para desarrollar productos y servicios, y el espacio físico adecuado para organizar el trabajo. También obliga a realizar inversiones en equipamiento tecnológico que faciliten el desarrollo de nuevas aplicaciones y la provisión de servicios. En este caso, las fuentes que garantizan la sostenibilidad del crecimiento son varias y son útiles en función del tamaño del bache financiero a cubrir. Algunos emprendedores, por ejemplo, se apoyan en el financiamiento cruzado entre actividades de la misma empresa. Con frecuencia, unidades de negocio secundarias[46] a nivel estratégico pero con ciclos de generación de ingresos más cortos alimentan el negocio principal para sustentar los salarios del equipo de proyecto.

Otra práctica habitual es gestionar el acceso a dinero fresco de la red de contactos. De esta forma, pueden acceder a recursos que les ayudan a cubrir desfases de caja. Algunas investigaciones destacan que el aprovechamiento de los contactos con personas que trabajan en el mundo de las finanzas puede ser crucial para acceder a fondos externos.[47] En ocasiones, estos actores acaban convirtiéndose en inversores de la empresa. Por último, algunos emprendedores logran acceder a inversores de riesgo, opción que trataremos más adelante.

Antes de ello, el cuadro siguiente presenta algunas diferencias existentes entre distintas fuentes de financiamiento que pueden ser relevantes para la gestión de la empresa en expansión: las variables clave consideradas por quienes deciden la asignación de los recursos, los tiempos para acceder a ellos, los montos disponibles y los plazos asociados.

---

[46] La creación de unidades de negocios que rápidamente generan disponibilidad de efectivo y tienen algún grado de sinergia con el proyecto empresarial han sido claves. Cuando no se consiguen levantar suficientes fondos para apostarle todas las fichas al desarrollo del primer producto desde el minuto uno, el apoyo en los clientes puede no ser suficiente para sustentar financieramente los recursos humanos y las inversiones que la empresa debe realizar. Más aún, cuando la respuesta de los mercados es incierta –todavía no hay clientes– y es necesario mantener alimentada la motivación del equipo de trabajo pagando salarios hasta que el producto final salga al mercado. Las empresas recurren a este esquema cuando no es posible acceder a un inversor en la etapa de *start up* o si esos fondos son insuficientes.

[47] Ascúa, R.: *Financiamiento para pequeñas y medianas empresas,* op. cit.

CUADRO RESUMEN. TIPOLOGÍA DE INSTRUMENTOS FINANCIEROS

Fuente	Variable clave	Demora en su gestión	Monto disponible	Plazo
Crédito comercial	Confianza y credibilidad de la empresa	Bajo	En función del volumen actual del negocio	Corto
Crédito bancario	Garantías reales y *track record*	Medio	En función de los activos y las garantías	Corto
Sobregiro	*Track-record* del flujo de fondos	Bajo	En función del flujo de caja	Corto
Instrumentos de política pública	Potencial de crecimiento del negocio, aporte a la innovación	Medio	En función del aporte de contraparte	Largo
Inversor capitalista	Rendimiento esperado y tiempo de recupero de la inversión	Alto	Variable	Largo
Inversor ángel	Equipo emprendedor. Potencial de multiplicación de la inversión	Medio-alto	Variable, habitualmente entre U$D 20.000 y 250.000	Largo
Capital emprendedor	Potencial de crecimiento	Alto	Variable, habitualmente entre U$D 200.000 y 2.000.000	Largo
Alianza estratégica	Potencial de crecimiento con relación ganar-ganar	Alto	Capacidad financiera del aliado	Largo

Fuente: elaboración propia.

El capital emprendedor

Los aportes de los inversores ángeles y fondos de capital de riesgo pueden ser muy atractivos para la empresa y suelen posibilitar el crecimiento a una velocidad mucho mayor que el resto de los esquemas de financiamiento disponibles. Sin embargo, vale la pena destacar que acceder a estas fuentes de financiamiento no es algo generalizado en el mundo de los negocios. Las estadísticas internacionales –y algunos fondos[48] que operan en la región– muestran que solo el 1% de las empresas que acuden a inversores reciben financiamiento.[49]

En América Latina, el desarrollo de la oferta de capital emprendedor se encuentra aún en una etapa embrionaria, aunque se observa cierto crecimiento, todavía incipiente, en los últimos años.

¿QUÉ ES CAPITAL EMPRENDEDOR?

El capital emprendedor, más ampliamente conocido como capital de riesgo, es el único instrumento de capitalización en el que ambas partes poseen el mismo objetivo. La rentabilidad del inversor y la ganancia del empresario provienen de la misma fuente: el crecimiento del negocio. Es decir que el inversor generalmente buscará incrementar el valor de la empresa sin tomar el control en el día a día. El grado de involucramiento dentro de la firma depende del inversor y por eso es recomendable hacer una exhaustiva búsqueda de inversores. La combinación de la inyección de capital sumada a las ventajas derivadas de tener un socio inversor estratégico, preocupado por la evolución del negocio, puede crear condiciones para un rápido crecimiento.

Pasado el período de inversión predeterminado, los dueños originales de la firma tendrán la prioridad de recompra. La participación accionaria y el plazo de la inversión varían con cada proceso de capitalización, aunque generalmente se establecen

---

[48] Nexo Emprendedor, Santander-Río.
[49] Baron y Shane, 2008.

topes de hasta un 49% del paquete accionario de la empresa. Los plazos de inversión varían entre 3 y 7 años, dependiendo de las características de la empresa beneficiaria, del riesgo que asume el inversor y del contexto-país.

Si bien es cierto que con la financiación a través del capital emprendedor el empresario cederá un porcentaje de su paquete accionario, su participación podrá ser más valiosa con el paso del tiempo gracias al rápido crecimiento logrado con este instrumento. Además de la inyección de capital, los inversores generalmente aportan "dinero inteligente", es decir, ponen a disposición de la empresa su experiencia, su red de contactos comerciales para la apertura de nuevos mercados y mantienen contacto frecuente con los empresarios identificando necesidades de asistencia. En una palabra, cumplen la función de ser un socio inversor estratégico.

El capital de riesgo puede asumir dos formas: a) inversores ángeles (*informal venture capital*) y b) fondos o empresas de capital de riesgo (*formal venture capital*).

Como ya dijimos, los inversores ángeles son personas con experiencia empresarial, deseosos de aportar capital, consejos y contactos que ayuden a crecer a las nuevas empresas más promisorias y a multiplicar el dinero invertido al cabo de algunos años. A cambio, obtienen una porción del capital accionario con un plan de salida de la inversión. Dado el bajo nivel de desarrollo del mercado de capitales en la región, la salida de los inversores ángeles consiste en despertar el interés de un fondo inversor que quiera comprar su parte. En este sentido, su contacto con fondos de inversión mayores puede habilitar un fondeo importante en sucesivas rondas de inversión, a través del efecto reputación y trayectoria de la empresa. En ocasiones, la salida es de tipo estratégica, vendiendo su parte a otra empresa de la industria o bien a los fundadores.

Los fondos o empresas también aportan inversión de largo plazo que consiste en la capitalización de una empresa a cambio de la toma temporaria de una parte del paquete accionario. Si bien los montos involucrados suelen ser mayores que en el caso de los inversores ángeles, también los requisitos para acceder a ellos son más exigentes y suelen concentrarse en fases más avanzadas del ciclo de vida de la empresa.

Fuente: "Guía de Capital de Riesgo para PyMEs argentinas", Wegman, Eduardo, documento interno de proyecto, Fondo Inverpymes, BID-FOMIN, Buenos Aires.

También existen las denominadas redes de inversores ángeles. Se trata de organizaciones que tienen como objetivo acercar emprendimientos en crecimiento con inversores privados informales. Generalmente, estas redes son coordinadas por alguna institución que apoya a los emprendedores. De esta manera, se logra disminuir las asimetrías de información en el mercado, juntando la oferta y la demanda de fondos para el desarrollo de empresas de rápido crecimiento. Una ventaja adicional que tiene participar e involucrarse en estas redes es que aun cuando se hayan efectuado contactos con inversores ángeles que no resultaron exitosos, la empresa queda conectada con otros miembros de la red de inversores que pudieran estar interesados en la actividad que ella desea desarrollar. Algunos ejemplos de estas redes son Southern Angels en Chile relacionada con la Universidad Adolfo Ibáñez, la red de la Universidad de Chile, el Club de Business Angels del IAE en Argentina o la PUC de Río de Janeiro en Brasil.

Según puede observarse en el cuadro de la página siguiente, existen diferencias significativas entre la capitalización de la empresa a través de capital de riesgo y de fuentes de financiamiento tradicionales. Sistematizamos algunas de ellas.

El proceso de gestión del acceso al capital de riesgo comienza naturalmente con la identificación de la necesidad por parte del emprendedor. Un aspecto clave en el cual es necesario tener presente no solo lo que pueden aportar sino también aquello que suelen buscar.

Luego, es necesario establecer el mejor *timing* del proyecto para salir a buscar inversores. Capitalizar al máximo el crecimiento alcanzado hasta el momento, apoyado en recursos propios, para dar un salto de gran envergadura con fondos frescos de terceros parece ser la fórmula más buscada por los innovadores dinámicos.

DIFERENCIAS ENTRE EL CRÉDITO Y EL CAPITAL EMPRENDEDOR

	CRÉDITO	CAPITAL EMPRENDEDOR
Perfil	Acreedor	Socio inversor estratégico
Plazos Requisitos	Corto a largo plazo Ratio de endeudamiento equilibrado	Mediano a largo plazo Plan de negocios y equipo emprendedor promisorios
Efectos en el flujo de fondos	Ingreso de fondos vs. repago del capital e intereses	Ingreso de fondos que se capitalizan
Retorno	Amortización e intereses	Depende del éxito del negocio
Control	Informes o presentaciones periódicas	Monitoreo
En situación problemática	Salvaguardia del préstamo	Ayuda en la gestión
Nivel de compromiso	Hasta el repago del crédito	Hasta la salida de la inversión
Montos	Limitado	En función del paquete accionario y la evaluación de la empresa
Tiempo promedio del proceso	45 días	6 meses o más

Fuente: elaboración propia en base a "Venture Capital Guide", *National Venture Capital Association (NVCA)*, Arlington, Virgina, Estados Unidos, 2001; Guía de capital de riesgo para PyMEs argentinas, documento interno de trabajo, INVERPYMES, BID-FOMIN, 2002.

Sin embargo, muchas veces, es la propia dinámica de crecimiento y el desajuste entre las distintas fuentes de financiamiento tradicionales disponibles y las necesidades del negocio las que hacen propicio salir a buscar a los inversores.

217

Cuando la empresa cumplió ocho años, comenzamos a pensar cómo generar otro nivel de facturación para que pudiera ser interesante para un inversor. Si queríamos crecer rápidamente hacía falta una inyección de capital grande. Cuando tu compañía ya es sólida, con espalda y más trayectoria en el mercado es posible acceder a financiamiento y a buenas tasas para financiar capital de trabajo. Pero durante los primeros años es complicado y entonces es necesario elegir y priorizar las inversiones, por lo cual el crecimiento es más lento. Esta situación hizo plantear hacia dónde queríamos ir y, a partir de ahí, pensar en inversores de riesgo. Claudio, CEO y fundador de BioScience.

Pero apresurarse en esta etapa puede llevar a no conseguir los fondos o a ceder una parte mayor de la empresa por no estar del todo preparado. Por tal motivo, algunos emprendedores prefieren demorar la búsqueda y elegir mejor el momento.

Cualquier inversor que desea invertir en una empresa necesita tener control. Entonces para el comprador es muy importante que la empresa esté "aceitada" en sus procesos y funciones. En nuestro caso, al crecer muy rápido hay cosas que fueron quedando en el camino y las terminamos de ajustar recientemente. No buscamos un inversor porque pensamos que no estábamos preparados. Fernando, fundador de Body Health.

Ahora bien, ¿cómo se contactan con los inversores de riesgo aquellos emprendedores que deciden hacerlo? Nuestras investigaciones muestran que, por lo general, lograr este contacto es el resultado de una búsqueda proactiva en la cual las redes juegan un papel fundamental, especialmente las relaciones de negocios. La tabla siguiente exhibe las vías a través de las cuales innovadores dinámicos chilenos conocen a los inversores ángeles que confiaron en sus proyectos.

Una vez logrado el primer contacto, el proceso suele tomar al menos seis meses pudiéndose extender, en ocasiones, hasta un año. En palabras de los emprendedores consultados, es parecido a empezar una nueva relación entre dos personas. Por lo tanto, construir confianza desde el principio es clave.

CONTACTO CON INVERSORES ÁNGELES DE INNOVADORES DINÁMICOS	%
Relaciones comerciales	55
Otras instituciones[50]	27
Familiares / amigos	18
Los inversionistas los buscaron	18
Emprendedores contactaron sin presentación	18
Endeavor	9

Fuente: Kantis y Díaz, 2010: op. cit.

Una instancia fundamental es la presentación frente a inversores (ronda de inversión), comúnmente llamada *investor pitch*. Se trata de presentar la idea de negocio en un período acotado[51] sin olvidar ningún detalle importante para interesar a los inversores.

Esta instancia es crucial, dado que luego los inversores decidirán si desean continuar con el proceso de solicitud y evaluación de información adicional o si, por el contrario, rechazarán el proyecto. Por lo tanto, nunca está de más probar el *elevator pitch* en un público cercano que conozca poco del proyecto y pueda hacer una devolución sobre lo que les gustó de la presentación, lo que no quedó claro, sus fortalezas y debilidades, etc.

---

[50] Se refiere a las principales incubadoras de empresas de base tecnológica en Chile.

[51] La duración del *investor pitch* varía de acuerdo con la región y con el tipo de inversor, pero generalmente se estilan presentaciones de no más de diez minutos. Conviene informarse respecto al formato solicitado por cada inversor, de ser posible, ya que pueden incluso solicitar mayor brevedad. El tiempo asignado para cada ítem es indicativo del formato estándar. También puede ser útil tener preparada la versión *ultra-small* del *elevator pitch* para facilitar la comunicación del proyecto de negocio en uno o dos minutos. Esto es especialmente útil para desarrollar redes con inversores en reuniones informales y ámbitos sociales, algo muy común entre los emprendedores tecnológicos del Silicon Valley.

En el siguiente cuadro, se presenta el tiempo que generalmente se le otorga a cada aspecto del negocio en estas presentaciones como una guía general.

PRESENTACIÓN FRENTE A INVERSORES: *ELEVATOR PITCH*	
Introducción (1')	✔ Saludar a la audiencia, hacer una muy breve presentación personal y capturar la atención de los inversores desde el comienzo con una concisa descripción de la oportunidad.
El mercado (2' - 3')	✔ Definir muy precisamente el mercado objetivo (cuántos clientes) y su crecimiento (tasa anual). ✔ Definir la competencia, cómo se fidelizarán clientes, cuáles son las barreras a la entrada.
El producto o servicio (2')	✔ ¿Cuál es la necesidad que satisface o el problema que resuelve? ✔ ¿Cuál es la solución que provee esta empresa? ✔ ¿Cuál es el modelo de negocio?
Equipo gerencial (2')	✔ Antecedentes del equipo, conocimientos, capacidades, experiencia relevante, últimos antecedentes laborales vinculados al proyecto.
Finanzas (1' - 2')	✔ Necesidad de inversión y a qué destino se aplicará. ✔ Márgenes de ganancia proyectados. ✔ Retorno para los inversores (cuánto y cuándo).
Final (1')	✔ Resumen del atractivo de la oportunidad y de cuánto dinero se necesita para hacerlo realidad.

Fuente: Gundry y Kickul, *Entrepreneurship Strategy: Changing patterns in new venture creation, growth and reinvention*, SAGE, Londres, 2007.

Algunas cartas ganadoras que los emprendedores dinámicos suelen jugar en esta instancia son:

- Comunicar claramente el atractivo del negocio y su potencial escalamiento.
- Proyectar la imagen de un equipo sólido en sus capacidades y visión compartida.
- Mostrar solvencia en la comprensión de los factores clave del negocio y en los supuestos en los que se basan las proyecciones presentadas.
- Transmitir convicción, compromiso, capacidad de escucha y flexibilidad.

En el contexto latinoamericano, donde no abunda el capital emprendedor, la búsqueda y la relación con los inversores puede ser laboriosa pero es importante tener presente que, más allá del logro o no de la inversión, el proceso suele traer aparejado un importante aprendizaje para los emprendedores. Pablo de Infoxel relata su propia experiencia.

Uno quería conquistar el mundo, ser Google en dos meses. Habíamos armado un plan de negocios que cubría la expansión de la empresa a 60 ciudades a nivel internacional. El 99% de los fondos inversores nos dijeron "¡Están locos!, vayan por etapas". Ese año fue como hacer un posgrado en desarrollo de negocios y presentación a inversores. Todos los inversores nos decían que no, pero cada uno de ellos nos daba feedback *y así corregíamos el negocio y las presentaciones para convencer al siguiente. Finalmente, concretamos la inversión con Nexo Emprendedor después de entablar una relación muy estrecha durante un año.* Pablo, socio fundador de Infoxel.

Aumentar la probabilidad de recibir inversión

Aun cuando el proyecto empresarial esté bien presentado y la empresa resulte atractiva para los propios emprendedores, y para muchas de las personas que rodean el emprendimiento, los inversores consideran a la hora de evaluarlos otra serie de variables que muchos emprendedores no han contemplado hasta el mismo momento de buscar financiamiento.

Tenerlos presente permitirá ahorrar tiempos y acortar los caminos para obtener el financiamiento. Lisandro Bril, uno de los pioneros del capital emprendedor en la región, destaca la importancia de los puntos que se incluyen en la siguiente tabla y alerta, en base a su experiencia, acerca de las restricciones que impone el incumplimiento de estas pautas para ser considerado un emprendimiento "listo para invertir".

ALGUNAS PAUTAS A TENER EN CUENTA PARA AUMENTAR LAS OPORTUNIDADES DE RECIBIR INVERSIÓN

- ✔ **Cumplir con las normas legales e impositivas**: la existencia de debilidades en el cumplimiento de las normas legales e impositivas (por ej.: facturación en negro) representan un riesgo para el inversor y pueden influir en la evaluación de la empresa.
- ✔ **Adoptar una forma societaria que permita recibir inversiones y limitar la responsabilidad de los accionistas**: algo que parece obvio pero que por cuestiones impositivas o coyunturales la empresa puede no cumplir previamente a la presentación frente a inversores.
- ✔ **Documentar procesos y productos**: el ingreso de un inversor requiere haber codificado los procesos. En muchos casos, antes de documentarlos hay que crearlos porque no se consideraron necesarios para esa etapa del negocio.
- ✔ **Tener la propiedad intelectual de los productos**: clave para evitar controversias legales y para la evaluación financiera de la empresa.
- ✔ **Mostrar capacidad de incorporar profesionales**: la escalabilidad de las empresas depende de la capacidad de atraer e incorporar profesionales de primer nivel a su *staff*. Este es un elemento que los inversores evalúan, y tiene que estar en el ADN de los fundadores, de lo contrario el proyecto no será escalable.
- ✔ **Contar con información actualizada de mercados**: Algunas recomendaciones ya comentadas en el Capítulo 3 pueden ayudar a obtener esta información, imprescindible para validar la oportunidad de negocio.

Fuente: elaboración propia en base a información provista por inversores ángeles.

Tanto los fondos de capital de riesgo consultados como los propios emprendedores, destacaron como un factor clave para el acceso al capital la presencia de un equipo potente al frente del proyecto, incluso como una cuestión más relevante que el negocio mismo.

La tabla de la página siguiente, elaborada por la British Venture Capital Association, presenta un esquema con las distintas etapas involucradas en la obtención de capital de riesgo y los pasos a cargo del emprendedor y del capitalista de riesgo. La búsqueda de inversores es una tarea que demanda tiempos que pueden variar en función del *expertise* del inversor en el negocio a evaluar, y del *feeling* entre el inversor y el equipo emprendedor. Generalmente los emprendedores subestiman el tiempo que puede llevar la incorporación de un socio inversor.

Por último, Lisandro Bril recomienda que, a la hora de cerrar el trato, los emprendedores no dejen "todo en manos de los abogados", ya que es clave que entiendan el proceso de negociación y el acuerdo final. El involucramiento de los emprendedores en esta instancia resulta imprescindible para evitar conflictos en el futuro.

Por otro lado, para entenderse con los inversores es fundamental que asuman un enfoque de capitalización en lugar de pensar en los dividendos y en su distribución en el corto plazo dado. Esto es crucial, ya que muchos inversores no permiten que el emprendedor haga retiros personales del emprendimiento hasta, por ejemplo, la próxima ronda de inversión. Parece aconsejable, entonces, negociar niveles de remuneración para los fundadores y para el talento de la empresa con el objeto de evitar necesidades de retiros futuros no contemplados en el acuerdo.

Adolfo Nemirovsky, fundador y socio de Global Tech Bridge, una empresa que opera en el Silicon Valley, sugiere a los emprendedores estar abiertos a repartir el capital entre el talento de la empresa, aun cuando no hayan formado parte del equipo fundador, algo que se ve en muchos casos de empresas innovadoras de rápido crecimiento.

PASOS PARA CONSEGUIR FINANCIAMIENTO DE CAPITAL DE RIESGO

ETAPA	EMPRESARIO	CAPITAL DE RIESGO	AMBOS	REPORTES
Primer contacto	Elección de consultores profesionales / Preparación del plan de negocios	Análisis del plan de negocios		Plan de negocios
Primeras investigaciones y negociación	Provisión de información adicional	Primeras investigaciones sobre el negocio	Reunión para discutir el plan	Carta de intención
		Valuación del negocio	Inicio de la relación empresario/ inversor	Carta de intención
		Consideración de los detalles legales e impositivos	Negociación de aspectos contractuales	
El *due dilligence**		Inicio del *due dilligence* externo	Comunicación con contadores y otros consultores externos	Reporte de contadores y consultores externos
Negociación final y concreción	Presentación de toda la información relevante del negocio	Diseño de la documentación final	Negociación de los términos finales del contrato	Carta de intención
			Constitución de la documentación y del derecho a voto por parte de los accionistas	Garantías / Acuerdo de accionistas
Monitoreo	Provisión periódica de estados contables e información administrativa	Monitoreo de la inversión / Aportes a la estrategia de negocios		Estados contables
	Comunicación regular con los inversores	Participación en la toma de decisiones		Información contable

* Se denomina *due dilligence* al proceso de estudio en profundidad de la empresa por parte de los inversores con el objetivo de conocer detalles técnicos, financieros y organizativos que permitan dar sustento al interés de los inversores en la empresa.

Fuente: British Venture Capital Association: *A Guide to Private Equity,* BCVA, Londres, 2001.

La planificación financiera

Superado cierto nivel de crecimiento, independientemente de la rama de actividad, la planificación financiera se
vuelve cada vez más importante. Ello ocurre por varios motivos. El primero –quizás el menos intuitivo pero esencial– es
que permite dimensionar los riesgos de crecer. Cuando la
empresa es pequeña, un error de cálculo en el financiamiento necesario para operar puede resolverse con mayor
facilidad. A medida que la empresa crece, la dimensión del
riesgo cambia porque no siempre habrá una fuente de
financiamiento disponible para solventar baches mayores,
sobre todo, considerando las fuertes restricciones al financiamiento bancario e institucional existente ya menciona-
do.[52] En palabras de Diego, de Body Health: "lo que antes se
podía solucionar vendiendo un auto, ahora no se resuelve
vendiendo una casa".

Esta problemática se acentúa en las empresas innovadoras. En los inicios, los procesos de producción tienen mayor
probabilidad de tener fallas y de no contemplar costos no
presupuestados de antemano que dificultan su dimensionamiento. Nuevamente, es importante prever recursos extra
para evitar sorpresas y corridas de último momento.[53]
Cuando no se realizan estas prácticas, hay más probabilidad
de sufrir consecuencias financieras. Germán, de Delta
Biotech comenta al respecto:

---

[52] Incluso aquellos instrumentos de política pública que son accesibles, como
los ANR del FONTAR, tienen una demora entre la aplicación y su efectivo
desembolso que hacen difícil contabilizar con certeza cuándo estarán disponibles para su uso.

[53] Nunca se estará exento de vivir alguna situación de emergencia aun dentro
de la mejor planificación financiera posible. Sin embargo, se intenta evitar
el tránsito de este tipo de situaciones en forma permanente. Cuando ello se
transforma en una constante, evidentemente es necesario corregir la conducta con herramientas de planificación.

Lo más grave fue la falta de planeamiento financiero. Primero, preten-díamos un fuerte crecimiento sin contar con una red de financiamiento para sostenerlo, pensando que era posible crecer con las utilidades del día a día. Esto era factible mientras había buenas proyecciones económicas en el mundo, pero no en contextos de crisis. Segundo, pensábamos hacer una inversión que iba a ser financiada con el crecimiento a largo plazo y fue necesario utilizar capital de trabajo de la empresa. Estas han sido dos combinaciones letales. Germán, socio fundador de Delta Biotech.

Por otro lado, la planificación brinda un panorama de los recursos disponibles en el corto, mediano y largo plazo para seguir creciendo. Es importante mirar el flujo de caja proyectado a varios meses para evitar crisis de financiamiento. También es relevante evaluar la sensibilidad de la estructura de financiamiento de la empresa respecto de variables críticas del negocio. Igual de importante es analizar los recursos que involucra, por ejemplo, la apertura de un nuevo mercado. Claudio, de BioScience, lo expresa de la siguiente manera:

Tenemos una planilla de Excel que nos permite modelizar algunas distribuciones en distintos países o para el desarrollo de un mercado nuevo. Sabemos cuáles son los costos y le agregamos algunos grados de riesgo. Aprendimos a costear con experiencias dolorosas. Así, tratamos de no tomar riesgos innecesarios. Meditamos mucho cuando armamos la estructura, y cuando tomamos negocios también, porque requieren inversiones en congresos, mostrar una línea de producto para ver si es demandada, y todo eso requiere inversión. Claudio, CEO y socio fundador de BioScience.

Los emprendedores –en particular aquellos que fundan empresas tecnológicas– no son muy adeptos a planificar y a trabajar con proyecciones, flujos de fondos, etc. Su vocación los lleva a actuar y, en consecuencia, no les atrae el análisis riguroso y abstracto. Para muchos, su interés principal es concretar nuevos productos. Por lo tanto, es muy importante delegar las funciones básicas en personal con *expertise* en el tema.

Aun en estos casos, es recomendable establecer un monitoreo estrecho por parte de alguno de los socios fundadores para la toma de decisiones. Los reportes periódicos acerca del estado de las cuentas bancarias, de las inversiones por desarrollar y de las cuentas por cobrar y pagar son esenciales para contar con información adecuada. Además, la participación de asesores externos –en particular para los aspectos contables e impositivos– es fundamental.

A continuación, se presenta una guía de preguntas a considerar en relación con la necesidad de planificar el crecimiento desde una mirada focalizada en los recursos.

ALGUNAS PREGUNTAS GUÍA PARA PLANIFICAR Y MONITOREAR LAS FINANZAS DE LA EMPRESA

- ✓ ¿Qué consecuencias tendría en el flujo de caja modificar variables tales como el precio de venta, los volúmenes, el tipo de cambio?
- ✓ ¿Cuánto se puede crecer sin tener que recurrir a un inversor, con nuestros propios recursos?
- ✓ ¿Cuándo se alcanza el punto de equilibrio en cada unidad de negocio?
- ✓ ¿Cuán elásticas son nuestras fuentes de financiamiento actuales para continuar expandiendo el negocio?
- ✓ ¿Cuál es el "Plan B" si algo no sale como estaba planeado? ¿Existe un plan alternativo con metas que pueden ser subdivididas y priorizadas en el caso de que no se puedan hacer todas las actividades al mismo tiempo?

Fuente: Timmons, J. y Spinelli, S.: *New Venture Creation*, McGraw-Hill, Boston, 2007; y casos relevados.

Por último, a modo de cierre, la tabla de la página siguiente exhibe algunas prácticas saludables observadas en la gestión financiera de empresas tecnológicas dinámicas.

ALGUNAS PRÁCTICAS SALUDABLES PARA
LA GESTIÓN FINANCIERA

✔ **Diversificar las fuentes financieras.** En contextos de restricción al acceso de recursos, la diversificación contribuye a paliar los riesgos de que alguna deje de estar disponible.

✔ **Seguir estrategias de *boostraping**.** Cuando las fuentes de financiación tradicional no están accesibles, muchos emprendedores apelan a estrategias creativas que buscan disminuir las necesidades de capital.

✔ **Construir una red de respaldo de última instancia.** Familiares, conocidos, otros colegas con los cuales existan vinculaciones basadas en la confianza (en los emprendedores y en el emprendimiento) son muchas veces quienes forman parte de estas redes.

✔ **Apalancarse en clientes y proveedores.** La promesa del crecimiento en conjunto es el principal argumento para utilizar recursos de la cadena de valor y potenciar sus negocios.

✔ **Acordar pautas claras y coherentes para el pago de salarios de socios y el retiro de utilidades.** Es muy importante acordar metas de desempeño de la empresa antes de retirar fondos que puedan desfinanciarla.

✔ **Planificar para prever los riesgos financieros asociados al crecimiento.** La identificación de las variables críticas del negocio y su impacto en las finanzas es crucial para anticipar problemas y buscar alternativas de financiamiento antes de que ellos se produzcan.

✔ **Gestionar instrumentos financieros flexibles como el capital de riesgo.** Abrir la mente a tener un socio en el futuro para crecer más rápido y salir a buscarlo con tiempo es una alternativa saludable para muchos emprendimientos.

Fuente: elaboración propia en base a casos relevados.

Preguntas y ejercicios para seguir aprendiendo

Para emprendedores

1. A la luz de la información presentada en el capítulo, ¿qué consecuencias suele tener para el arranque de las nuevas empresas innovadoras la falta de financiamiento suficiente?

2. ¿Cómo suelen responder los emprendedores dinámicos ante la falta de financiamiento? ¿Cuáles son las estrategias más usuales?

3. ¿Qué lecciones aportan las experiencias presentadas en el capítulo acerca del ejercicio de dimensionamiento de los fondos necesarios para crear una empresa dinámica innovadora?

4. ¿Qué cambios en la composición de las fuentes de financiamiento cabría contemplar en una estrategia de crecimiento empresarial que sea capaz de sostener un proceso de crecimiento acelerado?

5. Identifique las variables principales que inciden sobre el flujo de ingresos y egresos estimados. ¿Qué nivel de cambios en estas variables soporta la caja? ¿Qué acciones podrían formar parte de un "plan B"?

6. ¿En qué medida las ambiciones comerciales y las variables financieras están siendo debidamente contempladas al tomar decisiones?

7. En relación a la política de retiros y pagos de salarios de los socios, ¿existe una pauta clara y coherente en la materia? ¿Se fijaron criterios objetivos para ello? ¿Es una política sustentable desde el punto de vista financiero de la empresa o proyecto? ¿Es una política consensuada y compartida entre los miembros del equipo emprendedor?

8. El financiamiento vía capital emprendedor es señalado por los especialistas como el más adecuado para las empresas innovadoras de rápido crecimiento. ¿Buscó este tipo de financiamiento para su emprendimiento? ¿Qué dificultades encontró en este proceso? ¿Qué alternativas se evaluaron?

9. A la luz de las experiencias presentadas, ¿cómo hay que prepararse para la presentación de un proyecto ante inversores? ¿Ha vivido ya esta experiencia? ¿Qué lecciones obtuvo para futuras presentaciones ante inversores?

Para docentes e investigadores

1. ¿Cuáles son los fundamentos conceptuales que explican el problema del financiamiento de las nuevas empresas innovadoras?

2. ¿Cuáles son las principales fuentes de financiamiento que utilizan los emprendedores innovadores para lanzar sus proyectos? ¿Qué fuentes utilizan para hacer crecer sus empresas una vez puestas en marcha? ¿Existen diferencias? ¿A qué se debe?

3. ¿Cuáles son las principales estrategias que aplican los emprendedores innovadores para manejar y equilibrar su flujo de caja? ¿Qué aprendizajes pueden extraerse de la experiencia de los emprendedores para pensar nuevos contenidos en la formación de emprendedores?

4. ¿En qué medida las prácticas concretas de los emprendedores innovadores dinámicos desafían a las prescripciones de los manuales de gestión financiera? ¿Cuáles son esas prácticas? ¿Qué reflexiones le merecen?

5. ¿En qué medida los profesionales de apoyo a la gestión de los emprendimientos cuentan con las herra-

mientas adecuadas para asesorar a los emprendedores innovadores dinámicos? ¿Se justifica desarrollar un curso específico sobre gestión financiera en este tipo de emprendimientos?

6. ¿Qué lecciones pueden extraerse de las experiencias presentadas para la formulación de nuevos contenidos en los cursos de formación de emprendedores y de profesionales de apoyo?

7. A la luz de los contenidos del capítulo, identifique al menos tres cuestiones aún poco exploradas por la bibliografía que podrían dar lugar a una agenda de investigación sobre la gestión financiera en el caso de las nuevas empresas innovadoras.

Para responsables de programas y profesionales de apoyo

1. ¿Qué factores inhiben la oferta de instrumentos financieros ajustados a las necesidades de los emprendedores innovadores de su país? A la luz de las experiencias presentadas, ¿que argumentos ayudarían a justificar el diseño de programas de intervención en este campo?

2. ¿Qué aspectos deberían ser contemplados al momento de diseñar la oferta de instrumentos para este tipo de empresas?

3. ¿Qué instrumentos deberían integrar un menú que contemple el ciclo de financiamiento del emprendimiento innovador?

4. ¿Cuál es el rol que puede jugar el Estado, sus organismos y sus programas en la implementación de esta oferta? ¿Qué rol deberían jugar las instituciones financieras privadas? ¿Y las instituciones de apoyo a emprendedores?

5. ¿Qué criterios usaría para considerar elegible un emprendimiento? ¿Cuáles serían los utilizados para

orientar la selección de proyectos y la asignación de recursos?

6. A la luz de las experiencias presentadas, ¿qué acciones podrían implementarse para favorecer el desarrollo del nexo entre emprendedores y potenciales inversores? ¿Conoce iniciativas que busquen acercar a ambas partes? ¿Cómo trabajan? ¿Con qué modelo institucional? ¿Son efectivas?

7. ¿En qué medida las necesidades de los emprendedores se circunscriben al financiamiento? ¿Es posible diseñar un paquete de instrumentos financieros y no financieros articulados? ¿Conoce experiencias de este tipo?

CAPÍTULO 9

EL DESARROLLO DE UNA ORGANIZACIÓN INNOVADORA Y DINÁMICA

- *¿Cómo desarrollar una organización innovadora?*
- *¿Qué áreas de la gestión deben tenerse en cuenta para crecer e innovar?*

El proceso de rápido crecimiento de las empresas jóvenes demanda respuestas organizacionales: armar equipos de trabajo, crear áreas y gerencias, desarrollar rutinas y delegar funciones son parte de la agenda. Se trata de desarrollar la organización desde una perspectiva global coherente dado que la tendencia natural de toda empresa dinámica es hacia la desorganización. Ello es así, por ejemplo, porque el crecimiento comercial suele ir desacompasado del desarrollo de soporte organizacional.

Además, el vértigo del crecimiento va desnudando ciertas contradicciones entre la propensión a mantener un estilo de gestión puramente emprendedor –altamente intuitivo e impulsivo– y un enfoque más equilibrado que incluya a las distintas dimensiones organizacionales. Si ello no ocurre en algún momento, lo más probable es que la empresa deba enfrentar una crisis de crecimiento. Algunas imágenes construidas con emprendedores asocian esta situación con la de un tren en el cual la locomotora va a una velocidad y algunos vagones no terminan de salir del andén, o con la de un adolescente que sigue usando pantalones cortos. En ambos

casos, lo que se revela es una incongruencia entre las veloci-
dades con que avanzan distintas partes de un mismo cuerpo.

Para evitar que ello suceda, la clave consiste en ir transformando la gestión de las empresas para responder a las
demandas de estructuración y gerenciamiento de procesos,
aunque sin perder el espíritu emprendedor y la creatividad.
Lograr este equilibrio no es nada fácil dado que, en alguna
medida, introducir mayores niveles de formalización suele
implicar una limitación a la flexibilidad y discrecionalidad
con la que suelen manejarse los emprendedores. Por lo
tanto, más que presentar una receta acabada, este capítulo
pretende identificar algunos aspectos de interés para construir una organización joven innovadora a la luz de la experiencia.

Hitos y necesidades de desarrollo organizacional

En el caso de los innovadores dinámicos, el crecimiento
empresarial se produjo a través de saltos escalonados en el
tiempo. Ciertos hitos en la vida de la empresa significaron
puntos de inflexión y dieron lugar a nuevas fases o etapas
en donde el cambio organizacional se impuso para dar respuestas a los nuevos desafíos.

El crecimiento de estas empresas no ha sido lineal ni
refleja fases rígidamente sistematizables. Por el contrario,
depende de muchos factores idiosincrásicos, entre ellos, las
capacidades del equipo emprendedor, su visión, la industria
y su contexto evolutivo. Sin embargo, es posible identificar
algunos hitos empresariales típicos que suelen demandar
cambios organizacionales. Claudio, de BioScience, por ejemplo, nos cuenta algunos de ellos según su propia experiencia.

*La primera etapa es la de hacer algo que genere algún producto que se
pueda comercializar. En este sector, al menos, en esta primera etapa es
clave tener tus referentes, tus "recomendadores". Una vez que lo logramos*

en algunos países –con muchísimo esfuerzo y riesgo financiero ya que hipotecamos nuestras casas– pudimos salir a buscar cosas un poco más grandes. La segunda etapa es de consolidación, en la que es necesario demostrar que además de los productos básicos que has desarrollado, es posible apuntar a un mercado más alto, con mejores prestaciones, a otros segmentos, es decir, buscar tu lugar en el mercado. La tercera etapa es la de pasar de ser un emprendimiento a ser una compañía. Esto implica tener otra forma de organizarse y ganar previsibilidad, trabajar con presupuesto, entender mejor cuál es tu mercado, si es escalable tu producto, si puedes insertarte en mercados internacionales, pensar en venture capital, *en inversores. Esa fue para nosotros la tercera etapa.* Claudio, CEO y socio fundador de BioScience.

Sin duda, los primeros dos hitos clave de la empresa son lograr el producto y conseguir el primer cliente. Dependiendo del volumen, esta primera transacción demandará mayores o menores cambios a nivel organizativo. Para Core, conquistar al Bank Boston como cliente significó la necesidad de incorporar varias decenas de desarrolladores con todas las implicancias en términos de búsqueda, selección y gestión de recursos humanos. Parecida situación vivió Technisys con la venta al mismo cliente para el desarrollo de la plataforma de *home banking.* Algo similar ocurrió con Wetland y con Therapia IV, ya que el primer cliente significó la confirmación de que la idea de negocio tenía aceptación en el mercado. En este sentido, un primer cliente con fuerte tracción puede convertirse en un disparador de cambios organizacionales precoces.

Similar efecto puede tener la gestación del primer negocio exportador. Establecer presupuestos para viajes y para la gestión comercial, introducir certificaciones de calidad, desarrollar nuevas capacidades en los recursos humanos de la organización (por ejemplo, capacitación en idiomas) y la necesidad de una gestión financiera más precisa suelen ser algunas de las implicancias asociadas al inicio de la actividad exportadora. El ingreso a mercados externos más sofisticados es otro hito clave en el crecimiento y suele demandar ajustes en la organización.

En otros casos, establecer una alianza estratégica con otra firma fue el disparador del proceso de ajuste interno. Desarrollar un contacto y comunicación permanente con los aliados implica definir políticas comunes, mancomunar objetivos e informar al personal de la empresa sobre las metas e intereses involucrados en este nuevo vínculo. Dependiendo de la naturaleza de la alianza, también puede traer aparejados cambios en cuanto al proceso de desarrollo de productos, la gestión de la innovación y de la comercialización. Los innovadores dinámicos suelen capitalizar el aprendizaje que traen estos desafíos para la construcción de una organización innovadora flexible.

Estos hitos que se producen en la vida empresarial impulsan cambios en las formas de tomar decisiones y en las prácticas organizacionales requeridas para sostener el crecimiento. En los emprendimientos innovadores dinámicos es fundamental construir una agenda flexible orientada a transitar desde un estilo de gestión puramente emprendedor hacia otro que contemple las nuevas demandas que plantea la expansión de la empresa, incluyendo avances sustantivos en el proceso de delegación, en la estructuración organizacional, en la incorporación de nuevas capacidades, en la sistematización de operaciones y en el aseguramiento de la calidad.

Las demandas de cambio generalmente pueden ser percibidas desde la gestión cotidiana del emprendimiento. Algunos síntomas pueden encontrarse en el siguiente cuadro.

SÍNTOMAS DE LA NECESIDAD DE CAMBIO EN LA GESTIÓN

- ✓ **El emprendedor siente que ya no consigue estar en todos los sitios en los que su presencia es necesaria.** El crecimiento de escala y la diversificación de frentes exige revisar la agenda del emprendedor ya que muchas de las actividades que sigue desplegando le roban tiempo que debería dedicar a cuestiones más estratégicas. Cuando las empresas comienzan a exportar en forma precoz, esta situación es típica dado que debe combinar su presencia en el exterior con la atención del frente interno.
- ✓ **Todo el mundo parece estar apagando incendios.** La organización no da respuestas ante las demandas de la realidad y debe operar reactivamente ante los imprevistos.
- ✓ **Conviven varias capas genealógicas de empleados con niveles de compromiso diferentes.** La incorporación de personal en forma acelerada lleva a la necesidad de generar códigos y pautas de integración menos dependientes del liderazgo emprendedor.
- ✓ **Comienzan a aparecer problemas de comunicación.** A veces como consecuencia de la carencia de canales adecuados pero muchas otras como resultado de la falta de confianza entre distintas áreas de la empresa.
- ✓ **Los empleados que necesitan al emprendedor líder no consiguen suficiente tiempo para estar con él.** Probablemente confíen en que es el mejor para resolver todos los problemas, pero es algo que se ha vuelto física y emocionalmente imposible.
- ✓ **Los clientes/proveedores solo quieren reunirse con el "capitán", pero en la práctica es imposible.** Lo mismo que le pasa a los empleados le pasa a muchos clientes y proveedores, pero la agenda del emprendedor está saturada.
- ✓ **Manejar todos los riesgos comienza a ser una carga demasiado pesada para los emprendedores.** Si bien la existencia de equipos suele servir para amortiguar la presión, el crecimiento sin desarrollo de gestión puede generar vértigo.
- ✓ **El equipo emprendedor comienza a sentir que tiene una empresa.** Los emprendedores empiezan a percibir que el emprendimiento ha crecido y que es necesario un nuevo enfoque. Esta sensación muchas veces viene acompañada de cierta nostalgia por las épocas fundacionales, cuando todo era más sencillo. El riesgo que se corre es el de confundir los deseos de los emprendedores con las necesidades de la empresa, que posiblemente ya no coincidan como en los inicios. Cuando ello sucede, el camino de las profesionalización no debe ser demorado. Las capacidades necesarias para iniciar una empresa no son las mismas que las que se requieren en etapas posteriores.

Fuente: elaboración propia en base a Catlin, K. y Matthews, J.: *Leading at the speed of growth: Journey from Entrepreneur to CEO*, Hungry Minds Inc./John Wiley, 2001, y experiencia de los emprendedores.

Ejes estratégicos

Para Iván Sanabria Piretti, socio fundador de Artinsoft, las claves del éxito son las siguientes:[54]

1. Una clara definición de la visión y de la misión de la compañía, junto con una revisión continua de las estrategias para lograr dicha misión y de la manera en que cada miembro ayuda a implementar las estrategias por medio del trabajo en equipo.
2. Una cultura organizacional, valores y metodología de trabajo orientadas al cliente y en constante evolución.
3. Poner a la gente correcta en el lugar correcto.
4. La inversión en investigación y el uso de tecnología. Por ejemplo, el personal de Artinsoft incluye un grupo de seis doctores en Computación de centros tales como la Universidad de Oxford.
5. Un constante entrenamiento técnico del personal.
6. Un equipo de mercadeo y ventas excelente.

El siguiente gráfico ilustra las diferentes dimensiones que involucran el desarrollo de una organización innovadora dinámica, aspectos que trataremos a lo largo de esta sección. En ella se recuperarán e integrarán distintas cuestiones de relevancia que han sido abordadas en los capítulos previos. De esta forma, el capítulo pretende hacer un cierre del libro que muestre el papel que juega cada una de las dimensiones en la articulación global de una organización innovadora.

---

[54] Sanabria, Iván: *Foreword* en *Entrepreneurship in Latin America*. Greenwood Pub Group, Londres, 2004.

Fuente: elaboración propia.

Liderazgo emprendedor

El crecimiento acelerado es una carrera en la que deben atenderse las necesidades de mediano y largo plazo a la vez que se apagan los incendios generados por las chispas y fricciones de un proyecto que avanza rápidamente, asumiendo riesgos importantes.

Este balance estratégico suele requerir un liderazgo claro. Este liderazgo no suele emerger solamente como el resultado de la imposición de carácter de algún miembro del equipo fundador, del peso por tener una mayor participación en los beneficios de la empresa o de sus aportes de capital, sino que generalmente surge como producto de roles y conductas sostenidas en el tiempo, resultado de una mesa consensuada y que en algunos casos se va dando casi de manera natural.

Este liderazgo se nutre de ingredientes variados, tales como la habilidad para transmitir pasión y energía a quienes se suman al proyecto o de comunicar objetivos y metas a cumplir. A veces responde a un talento natural de quienes piensan y ejecutan decisiones, pero también puede ser aprendido y aprehendido por quienes desean crear nuevas empresas. En estos casos, las situaciones cotidianas de la gestión empresarial son su ámbito de formación y quienes tengan una marcada vocación de aprendizaje a partir de la experiencia serán los que consigan forjar un liderazgo positivo. Por eso uno de los activos más importantes con los que cuentan estos líderes es el haber pasado por situaciones críticas en otros contextos, que le han servido para aprender a enfrentarlas.

En los inicios, el liderazgo emprendedor es la forma de gestión empresarial predominante y se orienta fuertemente a la explotación de las oportunidades y a la resolución de los problemas emergentes. Germán, de Delta Biotech, lo ilustra así:

> Pasé por todas las etapas. Cuando empezamos, estaba encargado del desarrollo. Cuando había que vender me tomaba un avión y allá iba. Después empecé a buscar cuáles eran los nuevos negocios y eso me orientó a determinar qué productos desarrollar, hacer la evaluación técnica y la evaluación económica de nuevos productos. Es decir: si era factible producirlo con nuestra tecnología y qué productos resultaban más interesantes desde el punto de vista económico. Germán, CEO Delta Biotech.

Mientras tanto, los miembros del equipo emprendedor van cubriendo distintas posiciones, completando los casilleros vacíos en la joven organización. Esta primera distribución funcional de roles entre los socios es el punto de partida sobre el que se apoyará su desarrollo posterior.

En paralelo, la conducción asume una mirada de largo plazo, aun en un contexto de alta incertidumbre. Es decir, suelen plantearse metas, objetivos de mediano y largo plazo, pero se trata de una planificación informal. Ello ocurre mientras se van resolviendo los problemas del día a día.

Los objetivos planteados –los *milestones*[55] que se van transitando en el camino emprendedor– funcionan como una brújula para conseguir logros y alimentar el fuego interior del proyecto, es decir, la sensación de "estamos yendo por el camino que nos propusimos". Sin embargo, se trata de planes contingentes, atados a los sucesos y problemas que se van generando en la empresa, muchos de los cuales son lógicamente imprevisibles e inesperados. Flexibilidad es la palabra clave.

Los líderes se apoyan fuertemente en el espíritu y la unión del equipo emprendedor y del resto de la empresa a la hora de tomar decisiones. De esta forma se trasciende y se genera el involucramiento, a un nivel personal y con sentido de propiedad, de los propios empleados de la firma. Estos líderes contagian y canalizan energía en el equipo, pero además transfieren *empowerment* (desarrollo de capacidades para tomar el control de sus acciones) en el resto de la organización que asume el proyecto como propio. Esto es particularmente importante cuando la empresa atraviesa alguna situación crítica que pone en riesgo la continuidad del proyecto. Emiliano, de Core Security, cuenta su experiencia en momentos en que la compañía atravesaba una coyuntura de este tipo:

> *Manejaba la compañía con una transparencia de la información total, creo que es la única razón por la cual pudimos atravesar este período de crisis y salir adelante. Todos los viernes me reunía con todo el personal y hacía una presentación en la que mostraba la imagen de la situación de las finanzas de la compañía, del cliente, del estado del producto, de absolutamente todo lo que estaba sucediendo en la compañía. Después traía gente que hablara de los desafíos de cada uno de sus grupos de trabajo y*

---

[55] Concepto muy utilizado por los inversores de riesgo para subordinar un desembolso financiero al cumplimiento de una meta u objetivo por parte de la empresa beneficiaria de la inversión.

las cosas que estaban pasando. En los primeros tiempos a veces se prolongaban las reuniones porque podía haber hasta dos horas de preguntas. Eso compromete a la gente. Nadie se fue de la compañía en ese período. Emiliano, socio fundador de Core Security Technologies.

Otra característica de este liderazgo orientado al crecimiento es la vocación de rodearse de gente talentosa, sobresaliente en alguna de sus actividades, y de saber brindarles autonomía, independencia y confiar en su juicio a la hora de tomar decisiones, particularmente en el campo de la innovación y el desarrollo de productos.

Como decíamos previamente, los líderes tienen un papel fundamental en transmitir una cultura abierta hacia toda la organización. Es importante transferir valores tales como buscar la originalidad y las soluciones creativas, dar cabida a las nuevas ideas, en especial de quienes están en contacto directo con clientes y proveedores, y tratar de sacar el máximo provecho de la creatividad y el conocimiento de la gente.

Esta cultura es la que luego permea hacia los responsables de las operaciones dentro de la empresa. Resulta clave dotar a estas personas de flexibilidad y autonomía, para que asuman el compromiso y se orienten rápidamente a trabajar por objetivos y a resolver problemas. La actitud de alerta permanente para captar nuevas ideas y formas de resolver problemas se va transfiriendo desde el equipo emprendedor hasta el resto de los empleados.

Es muy importante otorgar autonomía y flexibilidad al personal en sus funciones. En etapas en donde se están construyendo los primeros productos, o donde es necesario obtener información del mercado y comenzar a explotarla, cada área de la empresa aparece como un pequeño emprendimiento en sí mismo, y sus miembros son emprendedores dentro de ella. Necesitan, entonces, tener libertad para avanzar y tomar decisiones, siempre dentro de un marco definido por la dirección.

La conformación de la "mesa chica": apertura de las decisiones

En los inicios de la empresa, la toma de decisiones generalmente es democrática y participativa. Todo el equipo emprendedor va definiendo y moldeando el proyecto empresarial. Las decisiones se toman por consenso –cobra sentido eso de que "las votaciones a veces solo generan perdedores"– lo que facilita el alineamiento de todo el equipo en la consecución de los objetivos.

A medida que la organización crece, los procesos decisorios se vuelven más complejos. Por ejemplo, se van incorporando profesionales con experiencia en algunas áreas específicas y es muy probable que su conocimiento en ciertos temas sea superior al del socio al cual reportan. Esta situación puede provocar tensiones a la hora de tomar decisiones si no se construyen dispositivos organizacionales apropiados y si los socios no logran discriminar entre sus roles como propietarios y como gerentes de un área.

En tal sentido, parece recomendable tener un espacio exclusivamente asignado para los socios (la "mesa chica") y otro más amplio en donde se toman las decisiones cotidianas de la empresa y en el cual participan los gerentes o responsables de área (la "mesa grande"). Esta diferenciación contribuye a escuchar debidamente a los especialistas y a evitar la adopción de decisiones equivocadas por el simple hecho de satisfacer el ego de algún socio. Cuando esto último ocurre suele traer consecuencias negativas sobre los niveles de participación del personal, su predisposición a innovar y su percepción sobre las posibilidades reales de progresar: un lujo que una organización joven innovadora definitivamente no puede darse.

Diego, de Body Health, lo describe de esta manera:

> Lo que importa es que participas de una mesa en donde antes decidían cuatro personas, y a partir de una ampliación (de la mesa) no dejas de ser socio, pero dentro de la organización ya no tienes el mismo poder de

decisión que tenías para hacer todo en esa área. Hay gente que ahora no solo te dice que no está de acuerdo, sino que además te da una argumentación y una razón, y el resto de los empleados dice: "Para mí estás equivocado también". Entonces, es necesario aceptar que está mal querer seguir siendo juez, autoridad total en una materia, porque has puesto gente que sabías que sabe más, porque estudió más y tiene más experiencia. Diego Bazzurro, CEO y socio fundador de Body Health.

El desarrollo de una cultura innovadora

El liderazgo emprendedor es clave para transmitir valores al resto del personal. Uno de ellos es la innovación. Sin embargo, no alcanza con comunicarlo a nivel discursivo, sino que es necesario transformar a la innovación en una actividad y una conducta cotidiana de la empresa.

> *La innovación deber ser algo que te guste hacer porque sí. De lo contrario, es bien frustrante, ya que a veces no se traduce en ganancias significativas.* Max, socio fundador de SKM Seaprende.

El primer mensaje que suelen dar los innovadores dinámicos es que innovar significa buscar la superación permanente. Es decir que no hay una meta fija, sino que lo que importa es el camino por recorrer, el que siempre se estará atravesando. En términos más concretos, por ejemplo, en materia de productos, el lanzamiento es el punto de partida de un proceso de mejora y desarrollo. Eso se ve claramente en el proceso de detección y anticipación de las necesidades de los clientes. El aprendizaje y la capitalización de la experiencia son fundamentales para seguir ocupando posiciones de liderazgo.

Para poder innovar, una empresa debe ser entendida como una organización abierta. Los innovadores dinámicos alimentan el proceso de innovación en base a diversas fuentes. Esta actividad dista de ser un proceso que ocurra en un laboratorio aséptico habitado por científicos experimentados vestidos con guardapolvos blancos y tubos de ensayos. Por el contrario, se nutren permanentemente de información del mercado que van capturando de distintos nodos (clientes, personas clave de la industria que van conociendo en eventos, información secundaria, etc.). La clave para el crecimiento es mantener un nexo fluido entre quienes están desarrollando mejoras o nuevos productos y la demanda.

En Three Melons, por ejemplo, el área de inteligencia de producto genera información para el área de desarrollo de productos con el objetivo de acercar sus esfuerzos a lo que la demanda está reclamando o reclamará en breve. En MaqTec, José –quien está en permanente contacto con clientes y aliados– transfiere a Carlos lo que detecta en el mercado como puntapié inicial de mejoras en el producto. En el caso de TV Esporte Interactivo, la interactividad con los medios webs les permite estar alineados y responder de manera casi inmediata a las demandas de los clientes.

Pero una cultura abierta no lo es solamente en su vinculación con el entorno. También es fundamental generar espacios internos donde se pueda promover y canalizar la creatividad y fomentar la originalidad para el surgimiento de nuevas ideas.

> *Nosotros, sistemáticamente, tratamos de generar ideas nuevas. Lo más importante de la empresa es la creatividad. Es un músculo y hay que ejercitarlo, y para eso tenemos programas. Por ejemplo, una vez por mes se frena la empresa, se arman equipos y se dedica cada equipo a hacer una idea de juego nueva y a hacer su prototipo.* Patricio, CTO y socio fundador de Three Melons.

En este sentido, las reuniones de *brainstorming* creativo y/o las competencias de ideas innovadoras pueden ser herramientas útiles para estimular este proceso en ambientes en los que predomina una cultura horizontal y participativa. De lo contrario, lejos de alimentar el proceso de innovación, los esfuerzos no pasarán de ser un simpático ejercicio lúdico.

El surgimiento de nuevas ideas y desarrollos también supone tener capacidad para concretarlos. Para ello, es fundamental contar con canales que permitan la llegada rápida y directa de quienes aporten ideas y/o soluciones innovadoras a la mesa de decisiones. Esto es más sencillo cuando la organización es pequeña, pero se complica a medida que ella crece. Es por eso que resulta necesario generar mecanismos facilitadores del contacto entre ideólogos, decisores y ejecutores dentro de la empresa.

Para transmitir rápidamente el conocimiento, tenemos la regla de no demorarse más de 20 minutos en tratar de solucionar un problema. De ocurrir lo contrario, hay que avisar de inmediato y pedir ayuda para que aquellas personas de la empresa que saben te enseñen. Sergio, socio fundador de Intellisoft.

PROGRAMAS DE INNOVACIÓN INTERNA
FIRST TUESDAY EN THREE MELONS

Los primeros martes de cada mes se genera una actividad de la que participan todos los empleados de la empresa que trabajan en la parte de desarrollo. La actividad consiste en desarrollar el concepto de un juego –historia, personajes– que luego cada equipo debe presentar ante un jurado, compuesto por algún gerente de la empresa o alguien externo vinculado a la industria, para su evaluación. El premio consiste en asignar recursos –personal de la empresa dedicado a la tarea– a la idea ganadora para luego llevarla a la práctica.

Este espacio sirve para ejercitar la creatividad, mejorar vínculos entre los empleados e ir generando un stock de ideas para que cuando el mercado demande conceptos similares ya exista una base o punto de partida para comenzar a trabajar en lo conceptual del juego.

De esta forma, se va alimentando un banco de ideas de productos –etiquetados en función de palabras clave para facilitar la búsqueda– que puede ser consultado por cualquier empleado en forma permanente, ya que está subido a una plataforma virtual.

Es importante destacar que el *First Tuesday* fue evolucionando con el tiempo. En los inicios, primaba más el énfasis en el desarrollo creativo y surgían ideas graciosas de productos pero que resultaban poco aplicables a lo que el mercado demandaba. Con el tiempo, se fueron ajustando las reglas de participación, siendo necesario justificar la potencialidad comercial de la aplicación en base a información del mercado, tendencias, segmento de mercado en el que se insertaría, entre otras variables. Este cambio permitió seguir estimulando la creatividad pero buscando ideas *demand driven**.

Fuente: elaboración propia con base en casos relevados.

La organización del trabajo predominante en estas empresas se basa en equipos formados *ad hoc* para desarrollar soluciones o productos, y dedicados tiempo completo a los proyectos. Comandados por un líder y seguidos de cerca por el responsable del área, estos equipos se destacan por su elevado nivel de autonomía y flexibilidad para articular recursos humanos de calidad.

Para ello, es muy importante que los fundadores deleguen y confíen en las capacidades del equipo, y que valoricen los esfuerzos compartiendo y democratizando los resultados. Una organización innovadora depende en buena medida de la motivación y compromiso de su *staff*, y eso depende de la realización personal y del reconocimiento que obtiene dentro de la empresa.

Otro aspecto que puede contribuir al proceso innovador es el desarrollo de metodologías ágiles y flexibles de producción. El *extreme programming* en Core Security (véase en Capítulo 3) o el uso de *lean start up* y *scrum* en Three Melons son ejemplos de plataformas de trabajo utilizadas para organizar el flujo de trabajo y alcanzar resultados. Pero también los procesos de certificación de calidad y mejora continua ayudan a eliminar ineficiencias cuando, una vez alcanzado un producto base, se ingresa en una etapa de ajustes optimizadores.

---

* Se refiere a aquellas ideas que surgen a partir de una necesidad identificada entre los demandantes.

247

Algo que también puede ayudar a generar este clima de apertura es la distribución espacial de los puestos de trabajo. Las áreas de desarrollo e innovación de estas empresas generalmente son abiertas, sin separaciones entre los puestos, lo que genera visibilidad directa entre todo el equipo, mayor fluidez comunicativa cara a cara y transparencia en cuanto a las actividades y tareas que cada uno realiza. En parte, la cultura organizacional también se construye a través de estos detalles. Por ejemplo, Technisys, Core y Three Melons utilizan esta política de espacios abiertos.

Con el propósito de promover una organización innovadora, muchas empresas de gran porte ya están comenzando a emular algunas prácticas que en las firmas jóvenes se dan de manera más espontánea. Para ello, implementan programas de emprendimiento corporativo que incluyen ventanillas de canalización de iniciativas innovadoras, instancias de evaluación y plataformas de apoyo a los proyectos innovadores.[56]

La organización flexible y alerta

Elegir el núcleo del negocio es un aspecto indispensable para concentrar los esfuerzos de la empresa en hacer aquello que mejor puede y sabe hacer.

En esta tarea, el desarrollo de proveedores es otra actividad ineludible en la gestión de la innovación. Entablar vínculos de largo plazo e interactuar frecuentemente para transferirse conocimientos y capacidades permite construir una organización flexible con una cultura innovadora compartida. Las tendencias en este campo llegan a generar lo que hoy en día se conocen como *open innovation systems*, esto es, sistemas de relaciones en los cuales los procesos de inno-

---

[56] Kantis, H. y Drucaroff, S.: *Emprendimiento corporativo en América Latina: conceptos, lecciones de la experiencia coreana y plataforma estratégica para su desarrollo en la región*, Banco Interamericano de Desarrollo, Washington, 2009.

vación integran aportes de numerosas empresas que forman un ecosistema de negocios.

Ello suele ocurrir más fácilmente en el marco de empresas orientadas a tejer redes de contactos más amplias que incluyan a los clientes clave, a instituciones tecnológicas y universidades y colegas, entre otros. Construir, mantener y renovar estas redes es una inversión que genera rendimientos a través de distintas vías. Por ejemplo, las redes de información ayudan a revisar el centro del negocio y a atacar en los mercados más atractivos. Tal es el caso de Three Melons, empresa que comenzó con el *advergaming* pero que lejos de delimitar su actividad a esta industria rápidamente leyó las señales del mercado y orientó sus esfuerzos a desarrollar productos de entretenimiento basados en plataformas de servicios de Internet, el modelo de negocio que se viene de aquí a los próximos años.

El crecimiento de las firmas y su progresiva inserción en distintos mercados permiten desarrollar nodos de información clave que generan un flujo permanente de ideas y posibilidades de negocio mediante la detección de antenas estratégicas. Son los nodos informativos que sirven como guía para aprovechar oportunidades comerciales, no solo vinculadas con la oferta existente, sino también para lanzar nuevos productos. Body Health y el vínculo con su red de distribuidores ilustra esta cuestión con claridad.

> *Con el distribuidor de Corea hicimos una relación muy buena. Nos dio muchos informes, presentaciones de una empresa que estaba desarrollando una tecnología. Esa es la tecnología que este año está en auge en Europa, y nos la acercó hace dos años. Nosotros la empezamos a desarrollar y ahora la incorporamos. Nos dijo que le gustaba nuestra forma de trabajar y quería invertir con nosotros para crecer. La mayoría de las cosas hoy las hacemos por las relaciones que tenemos con los distribuidores. Un grado de relación que te abre puertas, que nos genera flujo de información de un lado para el otro, nos vuelca ideas.* Diego, socio fundador y CEO de Body Health.

Los innovadores dinámicos consolidan con algunas de sus relaciones comerciales vínculos más profundos que les permiten obtener información clave sobre productos y tendencias de mercado. La generación de alianzas estratégicas para aprovechar las oportunidades que surgen de estos vínculos es imprescindible para cualquier organización innovadora. También comienzan a ser relevantes las redes indirectas forjadas por intermedio de estos vínculos comerciales y que ayudan a abrir nuevas puertas.

Gestión emprendedora de talentos

Una organización innovadora no solo debe atraer talentos sino que también debe desarrollarlos.

El rol de los fundadores en los inicios es clave. Son ellos quienes irán seleccionando e incorporando el personal, hasta que vayan tomando conciencia de sus propias limitaciones en algunas áreas e identifiquen la necesidad de contratar a algunos especialistas, a medida que la empresa vaya creciendo.

Las prácticas de gestión de recursos humanos en las nuevas empresas innovadoras reconocen distintas etapas. En la puesta en marcha y los primeros años, el desafío fundamental consiste en construir un equipo emprendedor sólido y armónico. Con frecuencia, ello requiere completar las capacidades y recursos de los fundadores convocando a algunos colaboradores clave a los cuales suelen asociar e integrar al equipo emprendedor. Las redes de contacto son la fuente casi excluyente en estas instancias.

La siguiente etapa, de expansión, hará necesario ampliar con celeridad la dotación de personal, para lo cual es fundamental contar con definiciones claras acerca de las competencias requeridas, que no solo incluyen habilidades y conocimientos técnicos, sino también valores y actitudes que contribuyan a moldear una organización emprendedora dinámica.

A las redes de contactos directos se agregan, en estas circunstancias, los canales de referencias y las búsquedas dirigidas hacia ámbitos formadores específicos de recursos humanos calificados. También en este caso, las conductas de los fundadores son emprendedoras y proactivas, dado que aprovechan sus participaciones en conferencias, cursos y otros ámbitos en los que circulen para detectar talentos. Estar alerta es una práctica observada en la gestión de recursos humanos en las nuevas empresas innovadoras dinámicas.

Debido a las desventajas que enfrentan con relación a las grandes empresas, sus estrategias suelen apuntar a desarrollar jóvenes profesionales y a brindar un marco estimulante de crecimiento vinculado al éxito de la firma. A ello, le suman la generación de un clima informal de trabajo y la gestión basada en valores compartidos (creatividad, horizontalidad, iniciativa, esfuerzo y autonomía).

Financiación creativa

A lo largo de su trayectoria, los emprendedores deben sortear el escollo del financiamiento. Para crear la empresa, se basan en una combinación de fuentes de recursos propios y de estrategias para disminuir las necesidades de financiamiento externo. Esta práctica, que en la bibliografía anglosajona se conoce como *bootstrapping*, incluye por ejemplo, la postergación del pago de los salarios de los emprendedores, la compra de equipamiento usado, préstamos en especie de la red de contactos, obtención de condiciones ventajosas de crédito de proveedores y anticipos de clientes. Con el tiempo, la reinversión de utilidades es un clásico y en ocasiones, a pesar de que su efecto es limitado, logran acceder a subsidios públicos para I+D, para el *start up* o, en menor medida, a inversiones de riesgo, sea en la forma de ángeles o fondos inversores o de inversores capitalistas más tradicionales.

En cualquier caso, lo que se destaca de la gestión financiera de los emprendimientos innovadores es la proactividad y el uso de fuentes diversas para lograr el difícil equilibrio del flujo de caja.

Hasta acá, se han comentado los aspectos fundamentales para desarrollar una organización joven innovadora. Se trata de una tarea compleja y desafiante. A la altura de los emprendedores más dinámicos.

ALGUNAS PRÁCTICAS CLAVE PARA EL DESARROLLO DE UNA ORGANIZACIÓN INNOVADORA

- ✓ **Construir un liderazgo emprendedor:** motivar, contagiar y comprometer al equipo y reconocer sus logros cuando las metas se cumplen.
- ✓ **Focalizar los esfuerzos comerciales y capitalizarlos antes de diversificarse:** abrir varios frentes a la vez no es lo más aconsejable. Tener foco es muy importante.
- ✓ **Desarrollar redes de contacto:** es clave para extender la frontera de las capacidades y recursos de la organización.
- ✓ **Identificar antenas estratégicas:** clientes, proveedores y actores clave de la industria pueden tener un papel relevante como nodos de información comercial, tecnológica, productiva y financiera.
- ✓ **Innovar de manera continua:** de esta forma pueden mantener la carrera competitiva y proteger sus posiciones de mercado, así como el riesgo de ser copiados.
- ✓ **Desarrollar alianzas estratégicas:** fundamentales para acelerar el crecimiento de la mano de otras empresas innovadoras.
- ✓ **Estimular una cultura organizacional innovadora:** brindar autonomía y delegación de autoridad en los especialistas, generar espacios de creatividad, orientarse a resultados, estimular la participación, tener reglas claras, comunicación y transparencia.
- ✓ **Rodearse de personas talentosas y creativas:** circular permanentemente por los espacios de donde surgen talentos es fundamental.
- ✓ **Trabajar en equipo y por objetivos:** generar una cultura de trabajo asociativo en torno a equipos flexibles con objetivos compartidos.
- ✓ **Adaptarse a entornos cambiantes y tolerar la incertidumbre ya no son competencias exclusivamente necesarias para los emprendedores:** también son indispensables para los recursos humanos de la empresa innovadora y no solo para los emprendedores.
- ✓ **Gestionar la calidad:** trabajar en la mejora continua de procesos.
- ✓ **Reinvertir utilidades y conseguir recursos para sustentar el crecimiento empresarial demanda ingentes recursos:** además de los propios de la empresa es muy importante desplegar una estrategia proactiva de diversificación de fuentes.

Fuente: elaboración propia en base a casos relevados.

Preguntas y ejercicios para seguir aprendiendo

Para emprendedores

1. ¿Cómo se construye el liderazgo en los emprendimientos innovadores dinámicos? ¿Qué características suele tener el liderazgo en este tipo de emprendimientos?

2. ¿Cómo es el proceso decisorio en las empresas? ¿Cómo va evolucionando a medida que la empresa va creciendo?

3. ¿Cómo es el proceso de estructuración de roles y áreas? ¿Qué criterios considera relevantes para guiar este proceso a la luz de las experiencias presentadas?

4. ¿Es posible lograr un equilibrio entre las necesidades de formalización de la organización y la preservación del espíritu emprendedor a medida que la firma va creciendo?

5. ¿Existen dispositivos organizacionales que permitan el flujo de nuevas ideas e innovaciones? ¿Cuáles? ¿Cómo se llevan a la práctica? ¿Con qué resultados?

6. Le proponemos realizar un ejercicio para autoevaluar qué tan lejos o cerca está su empresa de constituir una organización innovadora dinámica.

AUTODIAGNÓSTICO DE LA EMPRESA

¿En qué medida su empresa presenta los siguientes rasgos?	1	2	3	4	5
Existe un liderazgo emprendedor capaz de motivar, transmitir la visión, contagiar y comprometer al equipo y reconocer sus logros.					
Los esfuerzos comerciales se capitalizan de manera focalizada en lugar de diversificarse en forma precoz, antes de abrir nuevos frentes.					
Las acciones para desarrollar redes de contacto son importantes y continuas con vistas a expandir la frontera de capacidades y recursos de la organización.					
La empresa cuenta con antenas estratégicas tales como clientes, proveedores y otros actores clave para captar información comercial, tecnológica y financiera.					
La innovación continua permite mantener la carrera competitiva y protegerse de la competencia.					
Ha desarrollado alianzas estratégicas para el crecimiento y la innovación.					
La cultura organizacional es innovadora y se basa en la autonomía, la creatividad, la mejora continua, la horizontalidad, la orientación a resultados, la participación, la comunicación y la transparencia.					
Existe una política para nutrirse de personas talentosas y creativas, y existe una búsqueda proactiva de talentos.					
Se trabaja en equipos flexibles en base a objetivos compartidos.					
Existe flexibilidad para adaptarse a entornos cambiantes y tolerar la incertidumbre.					
Las utilidades se reinvierten para sostener el crecimiento y se desarrolla una agenda proactiva para diversificar las fuentes de financiamiento.					

Referencias: 1: Muy bajo; 2: Bajo; 3: Medio; 4: Alto; 5: Muy alto.

Nota: Aquellos aspectos evaluados como 1, 2 y 3 constituyen posibles áreas de mejora y/o fortalecimiento.

7. Algunos autores han logrado identificar los principales síntomas que anticipan la necesidad de cambio en el modelo organizacional para poder seguir creciendo. Evalúe en qué medida esto está sucediendo en su empresa. Cuanto más valores cercanos a 5 tenga, mayor será la probabilidad de que se enfrente pronto a la necesidad de un cambio organizacional.

AUTODIAGNÓSTICO DE LA EMPRESA

¿En qué medida se cumplen las siguientes condiciones?	1	2	3	4	5
El emprendedor ya no consigue estar en todos los sitios en los que su presencia es necesaria.					
Todo el mundo parece estar apagando incendios.					
Conviven varias capas genealógicas de empleados con niveles de compromiso diferentes.					
Comienzan a aparecer problemas de comunicación.					
El referente de los equipos es el emprendedor líder pero este ya no tiene tiempo para trabajar con ellos.					
Los clientes/proveedores quieren reunirse con el "capitán" pero les resulta imposible.					
Los emprendedores comienzan a sentir que sus capacidades se ven superadas por la complejidad de los problemas que enfrentan y los saberes requeridos.					
Manejar todos los riesgos comienza a ser una carga muy fuerte para los emprendedores.					
El equipo emprendedor comienza a sentir que tiene una empresa que ha crecido pero que no ha alterado demasiado la organización fundacional ni la plataforma de competencias para gestionarla.					

Referencias: 1: Muy bajo; 2: Bajo; 3: Medio; 4: Alto; 5: Muy alto.

Nota: aquellos aspectos evaluados como 4 o 5 dan indicios que se está frente a un área que necesita cambiar su estilo de gestión.

Para docentes e investigadores

1. Algunos modelos teóricos del ciclo de vida de las empresas prescriben la necesidad de que haya consistencia entre tamaño de empresa y estrategia, de un lado, con el estilo de gestión y estructuración, del otro. ¿Cuáles son las especificidades a tener en cuenta en el caso de las empresas innovadoras dinámicas? ¿Qué problemas enfrentan para lograr estos balances?

2. ¿Qué tan lineal y predecible es el proceso de crecimiento de las empresas innovadoras? ¿Es posible identificar etapas de crecimiento y caracterizarlas en función de algún atributo de la empresa o del estilo de gestión? ¿Qué aportes pueden hacerse en este punto a los modelos de crecimiento por etapas de difundida tradición en la bibliografía?

3. ¿Es posible identificar los diferentes estilos de gestión con distintas etapas del ciclo de vida de una empresa? ¿Qué nos dicen las experiencias de los emprendedores?

4. ¿Qué lecciones o demandas pueden extraerse de los casos presentados para el desarrollo de nuevos contenidos de formación de emprendedores que ayuden a crear organizaciones innovadoras?

5. A la luz de los contenidos del capítulo, identifique al menos tres cuestiones aún poco exploradas por la bibliografía que podrían dar lugar a una agenda de investigación sobre gestión y desarrollo organizacional en el caso de las nuevas empresas innovadoras.

Para responsables de programas y profesionales de apoyo

1. Teniendo en cuenta los rasgos característicos de una joven organización dinámica e innovadora, ¿es posible implementar programas que busquen favorecer

la existencia de un mayor número de empresas con este perfil?

2. ¿En qué etapas del proceso de creación y desarrollo del emprendimiento convendría actuar para lograr tal propósito (gestación, lanzamiento, primeros años, consolidación, etc.)? ¿Por qué?

3. ¿Cuál debería ser el rol del Estado en este caso? ¿Cuál el papel de las instituciones del sector privado?

4. ¿Cuál sería el retorno social de los recursos invertidos en este tipo de acciones? ¿Qué indicadores y mediciones podrían pensarse para evaluar el impacto de estos programas?

BIBLIOGRAFÍA

Ascúa, R.: *Financiamiento para pequeñas y medianas empresas. El caso de Alemania. Enseñanzas para Argentina.* Comisión Económica para América Latina y el Caribe (CEPAL), Buenos Aires, 2005.

Capelleras Segura, J. L. y Kantis, H.: *Nuevas empresas en América Latina: factores que favorecen su rápido crecimiento.* Universitat Autónoma de Barcelona y Universidad Nacional de General Sarmiento, Buenos Aires, 2009.

Catlin, K. y Matthews, J.: *Leading at the speed of growth: Journey from Entrepreneur to CEO,* Hungry Minds Inc./John Wiley, 2001.

De Raffaele, F.; Hendricks, E.: *Successful Business Networking,* Chandler House Press, Worcester, 1998.

Dogson, M.; Gann, D. y Ammon, S.: *The management of technological innovation: Strategy and Practice,* Oxford University Press, Oxford, 2008.

Gundry, L. y Kickul, J.: *Entrepreneurship strategy: changing patterns in new venture creation, growth and reinvention,* SAGE, Londres, 2007.

Instituto de la Pequeña y Mediana Empresa Industrial. *La decisión de cooperar,* IMPI, Madrid, 2000.

Instituto de la Pequeña y Mediana Empresa Industrial. *La decisión de cooperar,* IMPI, Madrid, 2000.

Kantis, H.; Angelelli, P. y Moori-Koenig, V.: *Desarrollo emprendedor: América Latina y la experiencia internacional,* Banco Interamericano de Desarrollo, Washington D.C., 2004.

Kantis, H. y Díaz, S.: *Innovación y emprendimiento en Chile. Una radiografía de los emprendimientos dinámicos y de sus prácticas empresariales,* Endeavor Chile, Santiago de Chile, 2010.

Kantis, H. y Drucaroff, S.: *Nuevas empresas y emprendedores de moda en Buenos Aires: ¿hacia un clúster de diseño?,* Universidad Nacional de General Sarmiento y Centro Metropolitano de Diseño, Buenos Aires, 2008.

Kantis H. y Drucaroff, S. *Emprendimiento corporativo en América Latina: conceptos, lecciones de la experiencia coreana y plataforma estratégica para su desarrollo en la región,* Banco Interamericano de Desarrollo, Washington D.C., 2009.

Kantis, H.; Ishida, M. y Komori, M.: *Empresarialidad en economías emergentes: creación y desarrollo de nuevas empresas en América Latina y Asia*, Banco Interamericano de Desarrollo y Universidad Nacional de General Sarmiento, Washington, 2002.

Kantis, H. y Federico, J.: *Nuevos polos de empresas intensivas en conocimiento en Argentina: elementos conceptuales y análisis de casos seleccionados*, Universidad Nacional de General Sarmiento, Buenos Aires, 2010.

Mason, C.: "El financiamiento y las pequeñas y medianas empresas", en Kantis, H. (Ed.): *Desarrollo y gestión de PYMEs: aportes para un debate necesario*, Universidad Nacional de General Sarmiento, Buenos Aires, 1998.

McClelland, D.: *The achieving society*, D. Von Nordstrand, Princeton, 1961.

Milesi, D.; Berón, C. y Erbes, A.: *Estrategias de apropiación de innovaciones en la industria argentina*, presentado al seminario 2009 de la Asociación Latino-Iberoamericana de Gestión Tecnológica (ALTEC), Cartagena de Indias, 2009.

Mitchell, J.: "Networks, norms and institutions", en Boissevain, J. y Mitchell, J. (eds.): *Network Analysis. Studies in Human Interaction*, Mouton, The Hague, 1973.

Murakami, S.; Premo, R.; Trantcheva, I.; Yeager, E.: "Globant: Leading the IT Outsourcing Revolution in Latin America", 15.389 MIT G-Lab Case, Marzo 21, MIT Press, 2006.

Sanabria, Iván: "Foreword", en *Entrepreneurship in Latin America*. Greenwood Pub Group, 2004.

Storey, D.: *Understanding Small Business Sector*, Routledge, Londres, 1994.

Timmons, J. y Spinelli, S.: *New Venture Creation*, McGraw-Hill, Boston, 2007

EMPRESAS INNOVADORAS LATINOAMERICANAS MENCIONADAS EN EL TEXTO

Empresa	Página web	Fuente
Analyte	www.analyte.com	Elaboración propia.
Acruxsoft	www.acruxsoft.com.uy	Kramer E. y Ballester A., Universidad ORT de Uruguay, Programa Emprender, mimeo, 2009.
Artinsoft	www.artinsoft.com	Sanabria I.: "Foreword", en Tiffin, Scott: *Entrepreneurship in Latin Americ,* Grenwood Pub Group, 2004.
Babel Jiménez,	www.babelenterprise.com	Leiva, J. C.; Leitón, F. y S.: "El caso Babel", ITCR, Mimeo.
Barrick	www.pikero.com	Caicedo, G.; Delgado, K.: "Byron Rojas y el futuro del Pikero", en *Casos de entrepreunership en Ecuador,* ESPOL- SEAFE, 2007.
Biocancer	www.biocancer.com.br	*Innovation, entrepreneurship and intellectual capital,* en SMEs, BID, 2008.
BioScience	www.bioscience.com.ar	Elaboración propia.
Body Health	www.bodyhealthgroup.com	Elaboración propia.
Core Security Technologies	www.coresecurity.com	Elaboración propia.
CYT Telemática y Comunicaciones	www.cytcomunicaciones.com.ar	Elaboración propia.
Delta Biotech	www.deltabiotech.com.ar	Elaboración propia.
Diagnotec	www.diagnotec.cl	Kantis, H. y Díaz, S.: *Innovación y emprendimiento en Chile.* Endeavor, 2010.
Drillco Tools	www.drillco.cl	Kantis, H. y Díaz, S.: *Innovación y emprendimiento en Chile.* Endeavor, 2010.
Globant	www.globant.com	Murakami, S.; Premo, R.; Trantcheva, I. y Yeager, E.: "Globant: Leading the IT Outsourcing Revolution in Latin America", MIT Press. Información de prensa.
Grupo Cóndor S.A.	www.grupo-condor.net	Zartha Sossa, J.W.; Villarraga P.A.; Universidad Pontificia Bolivariana

Empresa	Página web	Fuente
Infoxel	www.infoxel.com	Elaboración propia.
Intellisoft	www.intellisoft.cl	Kantis, H. y Díaz, S: *Innovación y emprendimiento en Chile.* Endeavor, 2010.
Manejo Profesional de Desechos	www.mpdcr.com	Latiff, Laura: Tesis de maestría en Economía y Desarrollo Industrial (UNGS), 2008.
Interfactura	www.interfactura.com	*Innovation, entrepreneurship and intellectual capital,* en SMEs, BID, 2008.
MaqTec	www.maqtec.com	Elaboración propia.
Pedidos Ya!	www.pedidosya.com	Elaboración propia.
Movix	www.movix.c	*Innovation, entrepreneurship and intellectual capital,* en SMEs, BID, 2008.
Recycla Chile	www.recycla.cl	Kantis, H. y Díaz, S.: *Innovación y emprendimiento en Chile.* Endeavor. 2010.
SCM Metrología	www.scmmetrologia.com	Latiff, Laura: Tesis de maestría en Economía y Desarrollo Industrial (UNGS), 2008.
Sicom Ingeniería	www.sicom.cl	Kantis H. y Díaz S.: *Innovación y emprendimiento en Chile.* Endeavor, 2010.
SKM Seaprende	www.skmportal.com	Kantis, H. y Díaz, S.: *Innovación y emprendimiento en Chile.* Endeavor, 2010.
Technisys	www.technisys.net	Elaboración propia.
Therapia IV	www.fresenius-kabi.cl	Kantis, H. y Díaz, S.: *Innovación y emprendimiento en Chile.* Endeavor, 2010.
Three Melons	www.threemelons.com	Elaboración propia.
Trabajando.com	www.trabajando.com	Kantis, H. y Díaz, S.: *Innovación y emprendimiento en Chile.* Endeavor, 2010.
Wetland	www.wetland.cl	Kantis, H. y Díaz, S.: *Innovación y emprendimiento en Chile.* Endeavor, 2010.
TV Esporte Interactivo	www.esporteinterativo. terra.com.br	*Innovation, entrepreneurship and intellectual capital,* en SMEs, BID, 2008.
YX Wireless	www.yx.cl	Kantis, H. y Díaz, S.: *Innovación y emprendimiento en Chile.* Endeavor, 2010.

ACERCA DE LOS AUTORES

HUGO KANTIS es Ph.D. en Ciencias Económicas y Empresariales (Universidad Autónoma de Barcelona, España); Magister en Investigación sobre Creación y Estrategia de Empresas (Universidad Autónoma de Barcelona, España); Licenciado en Economía y Licenciado en Administración (Universidad de Buenos Aires, Argentina). Dirige el Programa de Desarrollo Emprendedor de la Universidad Nacional de General Sarmiento (UNGS) y la Maestría en Economía y Desarrollo Industrial con Especialización en PYMEs de la misma universidad. Es profesor de Creación de Empresas en dicho posgrado y de Tópicos Avanzados de Innovación en la Maestría en Gestión de la Ciencia, la Tecnología y la Innovación, organizada por la UNGS y REDES. También es miembro del Editorial Board de varias revistas científicas internacionales tales como: Journal of Venture Capital, International Small Business Journal y Small Business Management. Es autor y editor de numerosas publicaciones y libros sobre el tema emprendedor y el desarrollo PyME tales como: Desarrollo Emprendedor: América Latina y la Experiencia Internacional (BID-FUNDES Internacional), Empresarialidad en Economías Emergentes: la creación de nuevas empresas en América Latina y el Este de Asia (BID-UNGS-BDJ) (ver www.prodem.ungs.edu.ar). Socio fundador de Dinámica, Red de Apoyo a Sociedades Emprendedoras, y consultor de diversas organizaciones internacionales tales como el Banco Interamericano de Desarrollo, Fondo Multilateral de Inversiones, Comisión Económica para América Latina y el Caribe, Programa de Naciones Unidas para el Desarrollo, Agencia Japonesa de Cooperación Internacional, Fundación Empretec y Fundes Internacional así como también de diversos gobiernos de la región en el diseño y evaluación de políticas y programas de apoyo al emprendimiento.

SERGIO DRUCAROFF es Magister en Economía y Desarrollo Industrial con especialización en PyMEs (Universidad Nacional de General Sarmiento) y Licenciado en Economía (Universidad de Buenos Aires). Es investigador y docente de la Universidad Nacional de General Sarmiento en el área de Creación de Nuevas Empresas y Emprendedores. Es autor de publicaciones vinculadas al desarrollo emprendedor y empresarial en Argentina y América Latina. A través de diversos trabajos, ha colaborado con organismos nacionales e internacionales en el fomento del emprendedorismo en Argentina y América Latina Es formador y consultor de nuevas empresas en el marco del programa Dinámica.SE. y evaluador de proyectos en programas de apoyo a nuevas empresas. También ha desarrollado acciones de promoción del emprendedorismo en sectores de bajos recursos en zonas urbanas.